VISION

스페인어 첫걸음

조경호 지음

문예림

http://www.bookmoon.co.kr

비젼! 스페인어 첫걸음

초판 1쇄 인쇄   2016년 4월 20일
초판 1쇄 발행   2016년 4월 25일

....

지은이 조경호
발행인 서덕일
펴낸곳 문예림
주소 경기도 파주시 회동길 366 (10881)
전화 (02)499-1281~2
팩스 (02)499-1283
E-mail info@bookmoon.co.kr

....

출판등록 1962.7.12 (제406-1962-1호)
ISBN 978-89-7482-865-3 (13770)

....

머리말

    스페인어 초급 책의 홍수 속에 또 한 방울의 물을 보태는 것이 아닌가 걱정을 앞세우며 책을 내봅니다. 이 책은 문법의 내용을 최소화시키고, 문답 형식의 대화문을 통해 한마디라도 말을 더 하게 하기위한 회화책의 형식을 띄고 있는 책입니다.

    책의 난이도는 처음 스페인어를 배우는 학생을 대상으로 6개월 정도의 학습자까지 볼 수 있도록 구성했습니다. 발음을 시작으로 이미 알고 있는 영어 또는 다른 외국어의 문법적 지식의 틀 속에서 "궁금한 것이 무엇일까"에서 착안해 찾아보기 쉽게 Lección básica에 담아 보았습니다. 이 부분은 처음부터 자세하게 공부하기보다는 공부하면서 궁금한 것이 있을 때마다 찾아보는 가벼운 참고 페이지가 되어야할 것입니다. 그리고 시작되는 12개의 본문 과에서는 최소한의 문법 형식과 그 다음에 그 문법에 의해 만들어지는 문법문제를 아주 조금 담아 두었는데, 이 부분은 "이렇게 문제로 만들어 지는 구나"라는 느낌만 받고, 지나갔으면 하는 바입니다. 그리고 본문은 대화문의 형식으로 문답식 전개가 됩니다. 마지막에는 단어들을 담아두었음으로 사전을 따로 가지고 다니지 않아도 학습에 지장이 없도록 도움을 주고자 했습니다.

    이 책은 정말로 처음 시작해서 6개월 정도의 수준의 학생을 위해서 만들어 두었음으로 이 책을 통해 많은 것을 얻기보다는 스페인어의 흥미를 얻는 정도라면 큰 만족을 하겠습니다. 그리고 취미로 스페인어를 공부하고 말겠다는 마음이라면 당장이라도 책을 넘어두시는 것이 좋을 듯합니다. 이 책은 한국외국어대학교부속 용인외국어고등학교의 학생들이 처음 공부하면서 계속 공부할 수 있는 발판이 되도록 구상하고 만든 책입니다. 그럼으로 이 책으로 공부하고자 하는 분들은 끈기를 가지고 공부를 하겠다고 마음먹었을 때, 이 책을 가지고 공부를 하시는 것이 좋을 듯합니다. 이 책의 내용에 대해서는 원어민 녹음 MP3가 책에 포함되어 있습니다. 여러분들이 스페인어를 처음 공부하는 부분에 함께 하게 되어 영광이며, 책 내용에 있어 궁금한 점이나 필요한 부분이 있으면 언제든 출판사 홈페이지에 올려주시면, 개정 증보하도록 노력하겠습니다.

    책 구성에 도움을 준 용인외고 4기 조진기군과 7기 스페인어반 학생들에게 고마움을 전하며, 평생을 스페인어를 위해 연구하시고 모든 면에서 도움을 아끼지 않으시는 김충식선생님과 제 2외국어 출판에 있어 영리보다는 사명감으로 임해주시며 항상 도움을 주시는 문예림 서덕일 사장님께 감사 드립니다.

2011년 3월

조경호

Índice

Lección Básica

① 자모표(Abecedario)

A a	아	J j	호따	R r	에레
B b	베	K k	까	S s	에세
C c	쎄	L l	엘레	T t	떼
**Ch ch	체	**Ll ll	에예	U u	우
D d	데	M m	에메	V v	우베
E e	에	N n	에네	W w	도블레 우
F f	에페	Ñ ñ	에녜		
G g	헤	O o	오	X x	엑끼스
H h	아체	P p	뻬	Y y	예
I i	이	Q q	꾸	Z z	쎄따

▶ 2010년 11월 28일 멕시코 과달라하라에서 개최된 스페인어 학술협회들의 총회에서 새로운 철자법이 개정되었음. **표시 되어있는 어휘는 알파벳 철자에서 제외되었고, 소리로만 남음. 이외에 철자발음 방법이 / w, y, z/의 경우에 바뀌었음. 스페인어의 자모는 27자임.

② 발음

▶ 단모음

a 아　　　　e 에　　　　i 이　　　　o 오　　　　u 우

▶ 단자음

*b	ba 바	be 베	bi 비	bo 보	bu 부
*c	ca 까	ce 쎄	ci 씨	co 꼬	cu 꾸
*ch	cha 차	che 체	chi 치	cho 초	chu 추
*d	da 다	de 데	di 디	do 도	du 두
*f	fa 파	fe 페	fi 피	fo 포	fu 푸
*g	ga 가	ge 헤	gi 히	go 고	gu 구
*b	ba 바	be 베	bi 비	bo 보	bu 부

*c	ca 까	ce 쎄	ci 씨	co 꼬	cu 꾸
**g	Ø	gue 게	gui 기	Ø	Ø
	Ø	güe 구에	güi 구이	Ø	Ø
*h	ha 아	he 에	hi 이	ho 오	hu 우
*j	ja 하	je 헤	ji 히	jo 호	ju 후
*k	ka 까	ke 께	ki 끼	ko 꼬	ku 꾸
*l	la 라	le 레	li 리	lo 로	lu 루
*ll	lla 야	lle 예	lli 이	llo 요	llu 유
*m	ma 마	me 메	mi 미	mo 모	mu 무
*n	na 나	ne 네	ni 니	no 노	nu 누
*ñ	ña 냐	ñe 녜	ñi 니	ño 뇨	ñu 뉴
*p	pa 빠	pe 뻬	pi 삐	po 뽀	pu 뿌
*q	Ø	que 께	qui 끼	Ø	Ø
*r	ra 레	re 레	ri 리	ro 로	ru 루
*rr	rra ㄹ라	rre ㄹ레	rri ㄹ리	rro ㄹ로	rru ㄹ루
*s	sa 사	se 세	si 시	so 소	su 수
*t	ta 따	te 떼	ti 띠	to 또	tu 뚜
*v	va 바	ve 베	vi 비	vo 보	vu 부
*w	wa 와	we 웨	wi 위	wo 오	wu 우
*x	xa ㄱ사	xe ㄱ세	xi 그시	xo ㄱ소	xu ㄱ수
*y	ya 야	ye 예	yi 이	yo 요	yu 유
*z	za 싸	ze 쎄	zi 씨	zo 쏘	zu 쑤

예) Casa (영 house) 집
까사

Cerdo (영 pig) 돼지
쎄르도

Queso (영 cheese) 치즈
께소

examen (영 exam) 시험
엑사멘

Antigüedad (영 antiguity)고대
안띠구에닫

guerra (영 war) 전쟁
게ㄹ라

③ 음부

▶ acento(강세)

(a) 강세를 나타낼 때

예) estación (영 station, season) 역, 계절
에스따씨온

(b) 의미의 내용이 다름을 나타낼 때

예) sí (영 yes) 네   si (영 if) 만약 –라면
씨   씨

(c) 의문문과 감탄문의 경우
예) Qué (영 What) 무엇   Cómo (영 How) 어떻게
께   꼬모

▶ Diéresis(분음)

무음(無音)을 유음(有音)으로 만든다.
예) Vergüenza (영 shame) 부끄러움

베르구엔싸

▶ Tilde(파형부호)

구개음화한 'ㄴ'을 나타낸다.
예) niño (영 boy) 소년

니뇨

④ 발음상의 주의

(a) 'u' 음은 한국어의 '우'와는 달리, '원순음'이라 하여, 입술을 되도록 내밀면서 발음한다. 영어의 'wood' 또는 'food'에 있는 [u:]음임으로 신경을 쓰면서 발음을 하면 더 좋은 발음을 낼 수 있다.
예) luna (영 moon) 달   Cuba (영 Cuba) 쿠바

루나   꾸바

(b) 'c', 'z'라는 두음은 'c'가 ce[쎄], ci[씨]일 때는 같은 음이다. 영어의 [θ]발음이다. 다만 중남미에서는 [ㅆ]의 발음이 [ㅅ]으로 모두 됨으로 크게 신경쓸 것은 없다.
예) cinco (영 five) 5   zapato (영 shoe) 구두

씬꼬   싸빠또

(c) "g', 'j'라는 두음은 'g'가 ge[헤], gi[히]일 때는 같은 음이 된다. 이 발음은 목구멍 안에서 거센 마찰을 일으켜 내는 소리로 'k'와 'h'의 중간 음이다. 'gue', 'gui'일 때, g는 [ㄱ]으로 읽게 하는 것으로 'u'는 발음하지 않는다.
예) Gente (영 people) 사람들   Jardín (영 garden) 정원
헨떼   하르딘
Siguiente(영 following)
시기엔떼

(d) 'r', 'l'라는 두음은 영어의 'r', 'l' 철자와 똑같이 구분하면 된다.
예) Pero (영 but) 그나   Pelo (영 hair) 머리카락
뻬로   뻴로

(e) 'rr'라는 음은 혀의 진동이 계속 되는 'r'음이다. 혀에 힘을 빼고 [르]라고 거세게 발음하면 된다.
예) rico (영 rich) 부유한   carro (영 car) 차
ㄹ리꼬   까ㄹ로

(f) 'y'음은 모음 사이에 끼어 있을 때 'i'음으로 발음을 한다.

예) mayo (영 may) 5월   yo (영 I) 나는
　　마요　　　　　　　　　　　요

⑤ 이중자음

다음의 이중자음들은 뗄 수가 없음으로 하나의 자음으로 취급한다. 따라서 읽을 때는 하나의 자음과 같이 읽으면 되고, 음절 분해할 때도 절대 분리할 수 없다.

pl, pr, bl, br, fl, fr, cl, cr, gl, gr, tl, tr, dr

예) Pluma (영 pen) 펜, 깃털　　　Flor (영 flower) 꽃
　　뻴루마　　　　　　　　　　플로르

※위의 이중자음 이외에는 음절을 분리해서 발음하고, 음절분해도 할 수 있다.
예) Lec-ción (영 lesson) 수업
　　렉–씨온

⑥ 이중모음

강모음을 'a', 'e', 'o'라고 하고, 약모음을 'i', 'u'라고 하는데, 강약의 모음이 결합되었을 때, 이를 2중모음이라고 한다. 이중모음은 강모음을 중심으로 한 하나의 모음으로 간주한다.

예) Aire (영 air) 공기　　　　　Baile (영 dance) 춤
　　아이레　　　　　　　　　　바일레

※삼중모음
강모음을 중심으로 약모음이 두 개가 앞, 뒤로 붙어 있는 경우를 일컫는데, 이 또한 하나의 모음으로 간주한다.
예) Estudiáis (영 study) 공부한다[직설법 현재 2인칭복수]
　　에스뚜디아이스

⑦ Acento(강세)와 Entonación(억양)

▶ 강세
스페인어의 강세는 아주 간단하여 다음의 3가지 경우만 알고 있으면 된다.

(a) 모음 및 n, s로 끝나는 단어의 강세는 끝에서 두 번째 음절에 있다.
예) Ca-sa (영 house) 집　　　　Lu-nes (영 Monday) 월요일
　　까–사　　　　　　　　　　루–네스

(b) n, s 이외의 자음으로 끝나는 단어는 강세가 맨 마지막 음절에 있다.
예) Ciu-dad (영 city) 도시　　　A-rroz (영 rice) 쌀
　　씨우–닫　　　　　　　　　아–ㄹ로쓰

(c) 위 두 가지 상황이 아닌 예외의 경우는 강세부호가 붙어 있다.
예) Ca-fé (영 coffee) 커피　　　Ár-bol (영 tree) 나무
　　까–페　　　　　　　　　　아르–볼

※의미의 차이를 두기 위해 강세가 필요 없는 데 찍는 경우가 있다.
예) si (영 if) 만약　　　　　　sí (영 yes) 네

▶ 억양

⒜ 억양에 관해서는 단어와 단어의 연음 및 문장 전체의 고저에 관해서 생각해 볼 필요가 있다. 단어와 단어의 연음에 대해서는 자음과 모음이 계속될 때 떼어서 따로 읽지 않는 다는 것이다.

예) en el... [에넬]

⒝ 문장에서 뜻이 계속될 때는 문장의 마지막 부분을 내려 읽지 않고 끝을 올리며, 의미가 모두 끝나거나 일단 부분적으로 끝낼 땐 내려 읽는다. 의문문에서 의문사가 있을 때는 끝을 올려 읽을 필요가 없고, 의문사가 없을 때는 끝을 올려 읽는다. 단, 의문사가 있는 의문문도 끝을 올려 읽어서 이상할 것은 없다.

예) ¿Quién es Ud.? (영 Who are you?) 누구시죠?
　　끼엔 에스 우스뗀.

⑧ ll 발음에 관해

ll음은 3가지 방식으로 스페인어 사용지역에서 사용된다.

⒜ 스페인 본토와 볼리비아 등지에서 사용되는 경우.
ll음의 이중 자음을 하나하나 모두 읽어 주는 것이다.
예) Calle (영 street) 거리, 길　　깔례

⒝ 아르헨티나 지역에서 주로 쓰이는 발음. [ㅅ] 발음으로 읽는다. 이는 발음 기관의 위치는 같은데, 탁음(濁音)으로 거세게 발음하는 방식이다.
예) Calle (영 street) 거리, 길　　까셰

⒞ 스페인 남부, 멕시코, 페루, 칠레 등지에서 사용되는 방식으로, 이중자음은 발음하지 않고 뒤에 따라오는 모음을 이중 모음화 시킨다.
예) Calle (영 street) 거리, 길　　까예

※위 3가지 읽기 방법 중 가장 많은 지역에서 많은 사람들이 사용하고 있는 것은 ⒞방식이다.

⑨ 한국어와 영어에 없는 음

발음기호 [x]로 표시되는 [ㅎ]음과 [R]로 표시되는 [ㄹㄹ]음은 한국어와 영어에 없다. 하지만 이를 연습하려면 한국어의 발음보다는 영어에서 더 유사한 음을 찾을 수 있다. 'Hurricane'과 'her'라는 어휘의 밑줄 그은 부분을 세게 읽으면 [x]발음이 구현되며, 'Very'라는 어휘를 거세게 발음하면 많이 진동하는 rr이 되어 [R]에 가까운 발음이 구현된다.

예) Japón (영 Japan) 일본　　　　Perro (영 dog) 개
　　하뽄　　　　　　　　　　　　뻬ㄹ로

⑩ 중남미의 발음

스페인의 발음과 중남미의 발음 차이는 c, z음을 스페인 본토에서는 [ㅆ]으로, 중남미에서는 [ㅅ]로 발음한다는 것이다. 대개 중남미의 발음이 완만하나 느낌이 든다. 이유는 모음을 발음하는 것이 스페인보다 길어서 전체적인 말이 느리게 들리기 때문이다.

예) Cabeza (영 head) 머리　　　　　　스페인식: 까베싸 / 중남미식: 까베사

¡¡Atención!! 공부 방법:

① 시간이 많은 분: 「1.문장의 요소」를 먼저 공부하고, 「2. 문장의 구조」를 공부한다.

② 시간이 없는 분: 「2. 문장의 구조」를 보면서, 「1.문장의 요소」에서 필요한 것만 찾아서 공부한다.

③ 마음이 급한 분: 「1.문장의 요소」의 '1), 2), 3)'을 공부하고, 「2. 문장의 구조」의 '2-1 에서 1), 2), 3)'만 공부한 뒤에 1과로 들어가 본문공부를 시작하도록 한다. 그리고 필요할 때 다시 와서 필요한 것만 찾아서 공부한다.

1. 문장의 요소(Elemento de la oración)

1) S(Sujeto 주어)

※인칭 대명사 주어

Yo	나	Nosotros	우리들
Tú	너	Vosotros	너희들
Él	그	Ellos	그들
Ella	그녀	Ellas	그녀들
Usted	당신	Ustedes	당신들

※이외의 명사 및 고유명사

Cecilia, Sancho, Elena, Catalina, Juan...

El profesor, La maestra, La casa, El zorro...

참고

nostros, vosotros의 경우. 모두가 남성이거나, 혼성일 때는 어미가 '~os'이고, 모두가 여성일 경우는 어미가 '~as'가 됨.

2) C(Complemento 보어)

→ 보어는 형용사 또는 명사가 됨. 동사는 영어의 'Be'동사에 해당하는 스페인어 'Ser'동사 또는 'Estar' 동사가 대표적임.

2-1) 형용사일 때

Ella es bonita.	그녀는 예쁘다.(예쁜)
Él es inteligente.	그는 똑똑하다.(똑똑한)
Ella está sentada.	그녀는 앉아있다.(앉은)
Él está parado.	그는 멈춰서있다.(멈춘)

2-2) 명사일 때

Ella es alumna.	그녀는 학생이다.(학생)

Él es profesor.　　　　　　　　그는 선생님이다.(선생님)

'ser + 직업명'을 쓸 때, 관사를 쓰지 않는 것이 일반적임.

3) O(Objeto 목적어)

→ 타동사의 대상에 해당하는 말. 한국어의 '을, 를'로 해석이 되는 말을 의미함.

Sancho tengo un libro.　　　　산초는 한권의 책을 가지고 있다.
Elena quiere a Sancho.　　　　엘레나는 산초를 좋아한다.

3-1) 인칭 목적어

→ 반드시 인칭 목적어 앞에는 전치사 'a'를 넣어야 한다. 사물 또는 동물 목적어와 구별하는 역할을 함.

Yo quiero a ella.　　　　　　난 그녀를 좋아한다.
Ella quiere a Juan.　　　　　그녀는 후안을 좋아한다.

※ 인칭대명사 일 때

a mí(나를)　　　　　　　a nosotros(우리를)
a ti(너를)　　　　　　　a vosotros(너희들을)
a él(그를)　　　　　　　a ellos(그들을)
a ella(그녀를)　　　　　a ellas(그녀들을)
a usted(당신을)　　　　a ustedes(당신들을)

3-2) 사물 목적어

Él come pan.　　　　　　　　그는 빵을 먹는다.
Sancho tiene mucho dinero.　산초는 많은 돈을 가지고 있다.
Ella quiere ese cuadro.　　　그녀는 그 그림을 좋아한다.

● 지시 형용사

이	este / esta	
그	ese / esa	+ 단수명사
저	aquel / aquella	

이	estos / estas	
그	esos / esas	+ 복수명사
저	aquellos / aquellas	

4) O.D.(Objeto Directo 직접 목적어)

→ 타동사 뒤에 목적어가 하나가 있을 때는 모두 직접목적어임. '3)'의 목적어는 모두 '직접목적어'이다.
　목적어가 두 개가 될 경우는 '을, 를'로 해석되는 것이 직접목적어임.

Sancho quiere a Elena.　　　산초는 엘레나를 좋아한다.
Ella tiene dos casas.　　　　그녀는 두 채의 집(들)을 가지고 있다.
Él da un libro a ella.　　　　그는 그녀에게 한권의 책을 준다.

5) O.I.(Objeto Indirecto 간접 목적어)

→ 타동사 뒤에 목적어가 두 개가 될 경우에 '에게'로 해석되는 것이 간접목적어임.

    Él da un libro a ella.   그는 그녀에게 한권의 책을 준다.

    Ella escribe la carta a Sancho.   그녀는 산초에게 편지를 쓴다.

참고

● 동사 앞으로 축약 대명사형으로 될 때 형태는 다음과 같음.

	단수	복수
1인칭	me	nos
2인칭	te	os
3인칭	le	les

6) Inf.(Infinitivo 동사원형)

6-1) 명사 역할을 할 때

    Ver es creer.   보는 것은 믿는 것이다.(주어역할 / 명사 보어역할)

    Esto es para estudiar mejor.   이것은 더 잘 공부하는 것을 위함이다.

                             (전치사 뒤 명사 역할)

6-2) 조동사 뒤의 동사원형의 역할

    Ella quiere ver la película.   그녀는 영화 보기를 좋아한다.(보다)

    Él tiene que estudiar mucho.   그는 열심히 공부를 해야한다.(공부하다)

    Sancho puede hablar español. 산초는 스페인어를 말할 수 있다.(말하다)

7) V(Verbo 동사)

7-1) estar와 ser동사

※Estar (변화형은 1과 본문 참조)

    ① 변화하는 상태: 물은 차갑다.   El agua está fría.

    ② 날씨 상태: 날씨가 흐리다.   Está nublado.

    ③ 움직임의 상태: 그녀는 앉아 있다.   Ella está sentada.

    ④ 위치: 책은 책상 위에 있다.   El libro está sobre la mesa.

※Ser (변화형은 2과 본문 참조)

    ① 정의: A는 B이다.   A es B.

    ② 직업: 그는 선생님이다.   Él es profesor.

    ③ 성격: 그녀는 친절하다.   Ella es amable.

    ④ 외모: 산초는 키가 작다.   Sancho es bajo.

7-2) 타동사

→ 목적어가 필요한 동사.

**스페인어에서는 거의 대부분이 타동사라는 것을 명심하자.

    ① Yo como <u>pan</u>.   나는 <u>빵을</u> 먹는다.
    ② Ella escribe <u>la carta</u>.   그녀는 <u>편지를</u> 쓴다.
    ③ Ellos ven <u>la televisión</u>.   그들은 <u>TV를</u> 본다.
    ④ Ud. llevó <u>este paraguas</u>.   당신이 <u>이 우산을</u> 가져갔다.
    ⑤ Tú no dijiste <u>nada</u>.   너는 <u>아무것도</u> 말하지 않았다.

참고

- escribir 동사의 경우 직접목적어를 사용하지 않고, 간접목적어만 사용할 경우는 'la carta'가 생략한 것임.

    예) Yo le escribo.
        난 그(녀)에게 편지를 쓴다.

7–3) 자동사

→ 목적어가 필요 없는 동사.

    ① Yo <u>voy</u> a casa.   난 집에 <u>간다</u>.
    ② Ella vengo de la escuela.   그녀는 학교에서 <u>온다</u>.
    ③ Él <u>habla</u> mucho.   그는 말을 많이 <u>한다</u>.
    ④ Ellos <u>salen</u> de la escuela.   그들은 교실에서 <u>나간다</u>.
    ⑤ La rata <u>corre</u> rápidamente. 쥐가 빠르게 <u>달린다</u>.

참고

- hablar, aprender 와 같은 동사 뒤에 언어명은 관사를 잘 붙이지 않음.

    예) Hablo español.
        난 스페인어를 말한다.

8) Adj.(Adjetivo 형용사)

8–1) 보어 역할 형용사

→ 보어는 표현하고자 하는 대상(주어 또는 목적어)을 구체화하는 역할을 말함. 즉, 보충어 기능을 함.

    ① Ella es <u>amable</u>.   그녀는 <u>친절하다</u>.
    ② Esa casa es muy <u>cara</u>.   그 집은 매우 <u>비싸다</u>.
    ③ El padre escoge mi mano <u>nerviosa</u>. 아버지는 <u>떨리는</u> 내 손을 잡는다.
    ④ Ella hizo nuestra vida <u>feliz</u>.   그녀는 우리의 삶을 <u>행복하게</u> 만들었다.

8–2) 명사 수식 형용사

    ① El libro vacío   공(空)책
    ② Los libros vacíos   공책들
    ③ Mi libro   나의 책
    ④ El libro mío   나의 책
    ⑤ Los libros míos   나의 책들
    ⑥ Gran hombre   위대한 남자
    ⑦ El hombre grande   덩치 큰 남자

● 형용사가 명사의 앞, 뒤에 위치할 때 의미가 바뀌는 경우.

grande / pobre / nuevo

예) gran hombre 위대한 사람 / hombre grande 덩치 큰 사람 / pobre hombre 불쌍한 사람 /
hombre pobre 가난한 사람 / nueva casa 새 보금자리(이사한 집) / casa nueva 새로 지은 집

9) Adv.(Adverbio 부사)

9-1) 빈도부사

① nunca	결코 ~하지 못한다.	④ muchas veces	매우 자주
② a veces	때때로	⑤ siempre	항상
③ a menudo	종종, 자주		

9-2) 장소부사

① aquí	여기	⑥ adelante	앞에
② ahí	거기	⑦ atrás	뒤에
③ allí	저기	⑧ adentro	안에
④ arriba	위에	⑨ afuera	밖에
⑤ abajo	아래에		

9-3) 시간부사

① ahora	지금	④ ayer	어저께
② hoy	오늘	⑤ ya	이미, 벌써
③ mañana	내일	⑥ entonces	그 때

9-4) 일반부사(형용사 · 동사 · 다른 부사 수식 부사)

① muy

-Un edificio muy alto　　　　　　　매우 높은 건물(형용사 수식)

-Habla muy bien.　　　　　　　　　매우 잘 말을 한다.(부사 수식)

② bien

-Lo sabe bien.　　　　　　　　　　그것을 매우 잘 안다.(동사 수식)

-Siempre iba bien vestido.　　　　　항상 잘 (옷을) 입고 다녔었다.(형용사 수식)

9-5) 부사의 위치

→ 부사의 위치가 정해져 있지는 않지만 수식하는 말과 가급적 가까이에 위치함.

① 수식하는 형용사나 부사 앞에 위치.

Ellos son demasiado ricos.　　　　그들은 엄청나게 부자이다.

② 부사를 강조할 때는 문장 앞에 위치.

Allí te espero.　　　　　　　　　　저기서 너를 기다릴게.

Ya mañana empiezo el trabajo.　　　이제 내일 그 일을 시작합니다.

③ 복합시제(진행형 또는 완료형) 동사구의 사이에 절대 사용불가.

Ella ha ido allí frecuentemente.　　그녀는 자주 그곳에 가곤 했었다.

Él <u>siempre</u> está comiendo algo.   그는 항상 무엇인가 먹고 있었다.

9-6) 부사절

① 목적 설정

-Para que ~

-Vamos pronto para que no nos vean.

남들 눈에 띄지 않게 빨리 갑시다.

-A fin de que ~

-A fin de que pudiera volver le mandé dinero.

그가 돌아올 수 있도록 나는 그에게 돈을 보내 줬다.

② 조건 설정

-Con tal que ~

-Iré con tal que no le moleste.

당신께 방해되지 않는다면 가겠습니다.

-A menos que ~

-No iré a menos que tú quieras.

네가 원하지 않는다면 가지 않을 것이다.

10) Prep.(Preposición 부사)

→ 전치사 뒤에는 명사가 오는 것이 기본임. 동사원형은 명사의 역할을 함으로 전치사 뒤에 올 수 있음.

· Para el libro precioso   가치 있는 책을 위해

· Para hablar español   스페인어를 말하기 위해

10-1) 기본 전치사

① a	~로	④ en	~에(서)
② de	~로부터; ~의	⑤ para	~를 위하여
③ con	~와 함께	⑥ por	~때문에

10-2) 장소 전치사

① sobre	~의 위에	⑥ dentro de	~의 안에
② bajo, debajo de	~의 아래에	⑦ fuera de	~의 밖에
③ al lado de	~의 옆에	⑧ alrededor de	~의 주위에
④ delante de	~의 앞에	⑨ cerca de	~의 가까이에
⑤ detrás de	~의 뒤에	⑩ lejos de	~의 멀리에

10-3) 시간 전치사

① a las dos	2시에
② en verano	여름에
③ en 2012	2012년에
④ <u>sobre</u> las dos	약 2시에
⑤ <u>de</u> niño	어릴 때에

11) Int.(Interrogativo 의문사)

→ 의문사에는 반드시 강세부호가 있음을 명심한다. 강세부호가 없으면 관계사임.

① quién	누구	⑤ cuándo	언제
② qué	무엇	⑥ dónde	어디서
③ cuál	어떤 것	⑦ por qué	왜
④ cómo	어떻게	⑧ cuánto	얼마나

2. 문장의 구조(Estructura de la oración)

**스페인어 문장은 어떻게 만들어질까?

→ 문장이 되려면 적어도 주어의 행위나 상태를 서술하는 동사가 있어야 한다. 아무리 복잡한 문장도 결국은 주어와 동사의 결합을 기본으로 형성된 것이다. 문장의 주요성분으로는 주어, 동사, 보어, 목적어 부사어 등이 있다.

2-1. 규칙 구조(Estructura Regular)

1) S + V

※동사가 주어(인칭·수)에 따라 변화를 하기 때문에, 주어는 생략이 가능함.

Ella canta muy bien.   그녀는 노래를 매우 잘 한다.

Yo voy allí cada año.   나는 매년 거기에 간다.

2) S + V + C

Mi padre es ingeniero.   나의 아버지는 기술자이다.

Ella es muy amable.   그녀는 매우 친절하다.

① 변화하는 상태: 물은 차갑다.   El agua está fría.

② 날씨 상태: 날씨가 흐리다.   Está nublado.

③ 움직임의 상태: 그녀는 앉아 있다.   Ella está sentada.

3) S + V + O

※목적어는 목적어가 동사 앞으로 '축약형 대명사' 형태로 위치할 수 있음.

Yo puedo decir la verdad con claridad.   → 난 분명히 진실을 말할 수 있다.

El estudiante abre la puerta de la clase.   → 학생이 교실 문을 연다.

4) S + V + O.D. + O.I.

※동사 뒤에 오는 직접목적어와 간접목적어의 위치가 바뀌어도 문제가 되지 않음.

Él nos dijo la chiste muy interesante.   그는 우리에게 매우 재미있는 이야기를 해줬다.

*Él dijo a nosotros la chiste muy interesante.

**Él dijo la chiste muy interesante a nosotros.

***Él nos la dijo.

- 일반적으로 목적어는 동사 뒤에 오는 것이 맞는데, 주어와 동사 사이에 위치하기 위해서는 축약된 대명사 형태의 목적어가 되어야 함. 위 예문의 빨간색 축약형 참조.
- 동사 뒤에 목적어가 올 경우는 간접목적어와 직접목적어의 어순이 뒤 바뀌어도 상관이 없지만, 동사 앞에 위치하게 될 때는 반드시 '간목 + 직목' 어순이 되어야 함.

5) S + V + O.I. + O.C.

Los amigos lo llama Sancho.	친구들이 그를 산초라고 부른다.
Ernesto la llamó imbécil.	에르네스또는 그녀를 멍청이라 불렀다.
La hizo su mujer.	그는 그녀를 그의 부인으로 만들었다.
Él me hizo la vida imposible.	그가 내 삶을 망가뜨렸다.

2-2. 불규칙 구조(Estructura Irregular)

1) I.D.(의미상 주어) + V(역구조 동사) + S(의미상 목적어)

Me gusta ir a España.	난 스페인에 가고 싶다.
A Juan le gustan los libros.	후안은 책들을 좋아한다.
Nos duele la cabeza.	우리는 머리가 아프다.
A María le encanta nadar.	마리아는 수영하는 것을 좋아한다.

2) Es + Adj. + Inf.

Es fácil estudiar español.	스페인어를 공부하는 것은 쉽다.
Es necesario hacer la amistad.	우정을 만드는 것은 필요하다.
Es imposible correr más rápido.	더 빨리 달리는 것은 불가능하다.
Es difícil escribirte todos los días.	네게 매일 편지를 쓰는 것은 어렵다.

3) Hace[Hacía] + 기간 + que + S + V.

Hace 6 meses que vivo en Seúl.	서울에서 산지가 6개월 되었다.
Hace 5 horas que él vino a la escuela.	학교에 온지 5시간이 되었다.
Hacía 3 años que ella se ponía la falda.	그녀가 3년 전에 치마를 입었었다.
Hacía 10 semanas que yo había llegado al aeropuerto.	난 10주 전에 공항에 도착했었다.

4) Ser, estar 의 목적보어가 대화문의 '대답'에서 나타남.

A: ¿Es Ud. la azafata?	당신이 스튜어디스입니까?
B: Sí, señor, lo soy.	예 그렇습니다.
A: ¿Estás cansada?	너 피곤하니?
B: Sí, lo estoy.	네, 피곤해요.

EJ 01

1) Yo _________ tres hermanos. _________ de ellos son funcionarios.

  ① hay, Los tres   ② tengo, Dos   ③ soy, Los dos   ④ son, una

2) ¿ _________ clases tienes esta mañana?

  ① Cuánta   ② Cuántos   ③ Dónde   ④ Cuántas

3) −¿A _________ estamos hoy?

  −Hoy estamos _____________________.

  ① cuantos, a jueves   ② qué, a septiembre

  ③ cuantas, a siete de lunes   ④ cuántos, a seis de octubre

4) ¿A _________ hora es la clase de conversación?

  ① cuánto   ② cuánta   ③ qué   ④ cuánas

5) ¿Qué hora _________?

  ① es   ② hay   ③ son   ④ tenemos

6) -¿Cuántos hermanos _________ tú?

  − _________.

  ① eres, Los dos   ② hay, Un   ③ son, Una   ④ tienes, Uno

7) -¿Cuántos empleados hay en tu empresa?

  −Treinta y dos. _________ empleados y _________empleadas.

  ① treinta y uno, Diez y un   ② treinta y un, Diez y una

  ③ veintiún, Once   ④ veintiuno, Una

8) -¿Qué día es hoy?

  −Hoy _____________________.

  ① estamos a dos de marzo   ② estamos a lunes

  ③ es lunes   ④ es marzo

9) En la primavera de Seúl _________ mucho viento, y el invierno _________ muy frío.

  ① hace, hay   ② hace, es

  ③ hay, hace   ④ hace, tiene

10) _________ año _________ doce meses.

  ① El, hay   ② Un, hay   ③ La tiene   ④ Un, tiene

1) Carmen es una joven ________ y ________.
   ① alto, alegre   ② alta, alegre
   ③ alto, alegres   ④ alta, alegres

2) Hoy mi hermano ________ ________.
   ① es enfermo   ② es enferma
   ③ está enferma   ④ está enferma

3) La nueva casa de Mario tiene ________ jardín. ________ jardín es muy grande.
   ① una, La   ② el, Este   ③ un, El   ④ la, Esta

4) -¿No hace tanto viento en primavera en Madrid?
   – ________________________.
   ① Sí, también hace mucho viento.   ② No, también hace mucho viento.
   ③ Sí, no hace tanto viento.   ④ No, hace mucho viento.

5) Hoy mi dormitorio ________ ________ ________.
   ① no, es, desordenado   ② no, está, desordenada
   ③ no, está, ordenado   ④ no, es, desordenado

6) -¿Cómo estás?
   - ________ ________ enfermo.
   ① Muy bien. Estoy   ② Muy mal. Tengo
   ③ Muy mal. Estoy   ④ Muy bien. Hay

7) -¿Cuántos empleados ________ tu empresa?
   - ________________.
   ① tienes, Sesenta y un   ② hay, Sesenta y uno
   ③ hay, Sesenta y un   ④ tiene, Sesenta y uno

8) -¿Cómo ________ ________ clima de tu país?
   -Mi país ________ ________ clima muy ________.
   ① es, el, hay, un, duro   ② es, la, tiene, una, dura
   ③ es, el, tiene, un, duro   ④ está, la, hay, una, dura

9) -¡Qué frío hace! ¿Verdad?
   -Claro, ________ en ________ invierno.
   ① estamos, ø   ② es, ø   ③ estamos, el   ④ es, el

10) -¿Qué tiempo hace mañana?
    -Mañana hace ________ día.
    ① bueno   ② buena   ③ frío   ④ buen

1) Isabel es una chica guapa _________ inteligente.

   ① pero   ② y   ③ e   ④ muy

2) _________ de Venezuela, un país pequeño, pero bonito.

   ① Estoy   ② Voy   ③ Soy   ④ Tengo

3) Voy _________ la oficina _________ trabajar.

   ① De, a   ② a, a   ③ en, a   ④ a, de

4) ¿Puedes venir mañana _________ la noche?

   ① para   ② de   ③ a   ④ por

5) -¿Podéis venir esta tarde a las cinco?

   - No, _________ esa hora no podemos.

   ① para   ② en   ③ a   ④ por

6) Voy a tu casa el domingo, _________ las cuatro _________ la tarde.

   ① a, de   ② a, por   ③ de, por   ④ a, en

7) Voy a su casa el sábado _________ la tarde _________ las cuatro.

   ① de, a   ② por, a   ③ de, por   ④ por, en

8) Hoy _________ la noche vamos al cine.

   ① de   ② a   ③ por   ④ para

9) ¿ _________ dónde _________ estos chicos?

   ① De, vienen   ② A, vienen   ③ Para, vienen   ④ De, van

10) La nueva oficina de mi amigo Juan _________ en _________ de la ciudad.

   ① es, sur   ② es, el norte

   ③ está, el noreste   ④ está, norte

정답: 1.③ 2.③ 3.② 4.④ 5.③ 6.① 7.② 8.③ 9.① 10.③

1) Estos días mi hermana está preocupada _________ su hija.
   ① por   ② de   ③ en   ④ a

2) ¿Qué pasa? ¿ _________ fiebre?
   ① estás   ② tienes   ③ has   ④ eres

3) Señor, su hija está resfriada, pero no es _________ grave.
   ① ninguno   ② nada   ③ mucho   ④ un poco

4) Dime la hora de la reunión _________ la sabes.
   ① si   ② cuando   ③ como   ④ antes de

5) No es fácil _________ un trabajo bien pagado.
   ① encontrar   ② encontrado   ③ encontrando   ④ encontramos

6) No puedes hacer las cosas _________ esta manera.
   ① a   ② por   ③ de   ④ con

7) ¿Cuánto _________ una docena de huevos?
   ① está   ② es   ③ están   ④ son

8) ¿En _________ piso está tu oficina?
   ① cuál   ② qué   ③ cuál de   ④ cuánto

9) ¿A cuánto _________ el litro de agua?
   ① es   ② está   ③ vale   ④ cuesta

10) Es esta tienda solo puede pagar _________ dólares.
   ① para   ② a   ③ en   ④ por

정답: 1.① 2.② 3.② 4.① 5.① 6.③ 7.② 8.② 9.② 10.③

1) Elena fue a la fiesta bien _________.
   ① vestido   ② vestida   ③ visitiendo   ④ vestirse

2) Ya es hora es _________.
   ① levantar   ② levantarse   ③ levantado   ④ levantándose

3) Al ver los regalos, los niños se ponen muy _________.
   ① alegre   ② alegrar   ③ alegres   ④ alegrarse

4) Mis amigas me preguntaron qué _________.
   ① pasar   ② pasaba   ③ pasando   ④ pasado

5) La madre estaba _________ la comida cuando sintió un fuerte dolor en la cabeza.
   ① hecho   ② hecha   ③ hacer   ④ haciendo

6) La gente estaba _________ del salón cuando ocurrió el terremoto.
   ① salida   ② salido   ③ saliendo   ④ salir

7) Las tiendas no se abren _________.
   ① los domingos   ② en los domingos
   ③ para los domingos   ④ durante los domingos

8) Después de salir del cine, fuimos a _________ una cerveza.
   ① beber   ② tomar   ③ comer   ④ invitar

9) ¡Qué excursión _________ interesante! La tenemos que repetir.
   ① tan   ② tanto   ③ muy   ④ mucho

10) Antes de terminar la reunión, el jefe preguntó: ¿Alguien quiere _________ algo?
   ① repetir   ② contestar   ③ poner   ④ añadir

¡Ya vamos a estudiar español!

Primera Lección

01 Gramática básica

■ **Estar** 평서문

단수	복수
yo estoy	nosotros estamos
tú estás	vosotros estáis
él está ella está usted está	ellos están ellas están ustedes están

✿ 주어는 생략이 가능하며, usted은 Ud.으로 ustedes는 Uds.으로 약식 표기함.

■ **Estar** 의문문

단수	복수
¿estoy yo?	¿estamos nosotros?
¿estás tú?	¿estáis vosotros?
¿está él? ¿está ella? ¿está Ud.?	¿están ellos? ¿están ellas? ¿están Uds.?

✿ 스페인어 의문문에서 물음표를 거꾸로 앞에도 표기함.

▌ **Memoria : Estar**는 '(변화 가능) 상태, 컨디션, 위치, 날씨'의 상황에 사용되는 동사임.

02 Gramática aplicada al examen

※ 이 파트는 학습이 완료된 이후, 복습차원에서 보는 페이지임.

1

Es natural que él _________ nervioso antes del examen.

① está   ② estuvo   ③ estaba   ④ esté   ⑤ estuviera

👤 해석: 그가 시험 전에 긴장하는 것은 당연하다.

2

Sentí mucho que Ud. no _________ en la celebración de la semana pasada.

① estará   ② estuvo   ③ estaba   ④ estuviera   ⑤ estaría

👤 해석: 전 귀하가 지난 주 행사에 참석하지 못하신 것에 대해 매우 안타깝게 생각했습니다.

3

Cuando ella _________ en Argentina, era muy feliz.

① estará   ② estaría   ③ estaba   ④ estuviera   ⑤ está

👤 해석: 그녀가 아르헨티나에 있었을 때, 매우 행복했었다.

🔓 정답: 1 ④   2 ②   3 ③

03 Lectura básica

1

Profesor : Aquí está un hombre. Aquí está una silla.
El hombre está en la silla.

Alumno : ¿Está el hombre en(=sobre) la silla?

Profesor : Sí, el hombre está en la silla. Aquí están un
hombre(=el caballero) y una silla; el hombre
está en la silla.

[1]silla : Asiento con respaldo, por lo general con cuatro patas.

Pregunta : ① ¿Dónde está el hombre?

2

Profesor : Aquí está un libro.

Alumno : ¿Está el libro sobre la silla?

Profesor : No, señor, el caballero está sobre la silla.

Alumno : ¿Está el libro sobre la mesa?

Profesor : Sí, señor.

Alumno : ¿Está el caballero sobre la mesa?

Profesor : No señor, el caballero está sobre la silla; el libro está sobre la
mesa.

[1]libro : Conjunto de muchas hojas de papel ordinariamente impresas que se
han cocido juntas con cubierta de papel, cartón, pergamino o piel.

Pregunta : ① ¿Dónde está el libro?

3

Profesor : Aquí están otra mesa y otro libro.

Alumno : ¿Está el otro libro sobre la mesa?

Profesor : No, señor, el otro libro está bajo la mesa.
Un libro(= el primer libro) está sobre
la mesa, y el otro(=el segundo) está
bajo(=debajo de) la mesa.

Alumno : ¿Están los dos libros debajo de la mesa?

Profesor : Aquí están otra mesa y otro libro.

Alumno : ¿Está el otro libro sobre la mesa?

Profesor : No, señor, el otro libro está bajo la mesa. Un libro(= el
primer libro) está sobre la mesa, y el otro(=el segundo) está
bajo(=debajo de) la mesa.

Alumno : ¿Están los dos libros debajo de la mesa?

Profesor : No señor, el primero está sobre la mesa, y el segundo está
debajo de la mesa. El caballero está sobre la silla.

Alumno : ¿Está Sancho en una silla o en una mesa?

Profesor : Sancho está en una silla. El caballero está en una silla, y
Sancho está en otra silla. Aquí está una silla, y aquí está otra
silla. Aquí están dos sillas, una silla para el caballero y otra
para Sancho.

Alumno : ¿Está Ud. en una silla, Profesor?

Profesor : Sí, señor, estoy en una silla.

[1]mesa : Mueble formado por una tabla sostenida por uno o varios pies,
utilizado para comer, escribir, etc.

[2]caballero : Persona de algnuna consideración o de buen porte[nobleza].

Pregunta: ① ¿Dónde están los dos libros?

② ¿Cuántas sillas hay en la conversación?

Primera Lección

1

Profesor : 여기 한 남자가 있다. 여기 한 의자가 있다. 남자는 의자에 있다.
Alumno : 남자가 의자에(=위에) 있나요?
Profesor : 응, 남자는 의자에 있다. 여기에 한 남자(=신사)와 한 의자가 있다. 남자는
의자에 있다.

🖋 해설 : • aquí, ahí, allí(장소부사) : 여기, 거기, 저기
       • sobre ~ = encima de ~ : ~위에

⚙ 스페인어 'en'의 경우는 영어의 'in'과 'on'의 의미를 모두 가지고 있음.
   예) En la calle → on the street
       En la escuela → in the school

🖋 어휘 : el hombre 남자 / la silla 의자

[1]silla(의자) : 등받이를 가진 좌석, 일반적으로 4개의 다리를 가진 좌석.

[2]Clave : ① El hombre está en la silla.

2

Profesor : 여기 책 한권이 있다.
Alumno : 책이 의자 위에 있나요?
Profesor : 아니, 신사분이 의자 위에 있다.
Alumno : 책은 책상 위에 있나요?
Profesor : 응.
Alumno : 신사분은 책상 위에 있나요?
Profesor : 아니, 신사분은 의자(위)에 있다
             책은 책상 위에 있다.

🖋 해설 : • 'Aquí está un libro' 문장은 '여기에 책 한권이 있다'로 번역함.
       • 'un'은 부정관사가 아니라, 숫자 1의 의미임. Estar동사는 정관사를 동반한

어휘 와 함께 쓰는 것이 원칙적임.

✒ 어휘 : el libro 책 / el caballero 신사 / el señor 선생님(氏 남성 호칭) / la mesa(테이블)

[1]libro(책) : 종이, 마분지, 양피지 또는 가죽(재질)의 표지와 함께 묶여 규칙적 인쇄를 한 많은 종이 페이지의 총합.

[2]Clave : ① El libro está sobre la mesa.

3

Profesor : 여기에 다른 책상과 다른 책이 있다.

Alumno : 다른 책이 책상 위에 있나요?

Profesor : 아니, 다른 책이 책상 아래에 있고, 한권(= 첫 번째 책)이 책상 위에 있고, 다른(= 두 번째 책) 책이 책상 아래에 있다.

Alumno : 책 두 권이 책상 아래에 있나요?

Profesor : 아니, 첫 번째 책은 책상 위에 있고, 두 번째 책은 책상 아래에 있다. 신사분 은 의자 위에 있단다.

Alumno : 산초가 의자에 있나요? 아니면 책상에 있나요?

Profesor : 산초는 의자에 있다. 신사분은 의자에 있고, 산초는 다른 의자에 있다. 여기 에 의자 하나, 여기에 다른 의자가 있다. 여기에 두 개의 의자가 있다. 하나 는 신사분을 위한 것이고 다른 하나는 산초를 위한 것이다.

Alumno : 의자에 계신가요, 선생님?

Profesor : 응. 난 의자에 있단다.

✒ 해설 : • un libro와 el otro libro는 '한 책'과 '다른 책'의 의미임으로 앞의 것은 'el primer libro(첫 번째 책)', 뒤의 것은 'el segundo libro(두 번째 책)'으로 번역함.

    • ~의 아래에 : debajo de ~ = bajo ~

    • una silla para el caballero y otra para Sancho
의자 하나는 신사용이고, 다른 것은 산초를 위한 것이다.
→ 뒤의 otra는 silla가 생략된 것임.

[1]mesa(테이블) : 먹고, 쓰는 것 등등을 위해 사용되며, 하나 또는 여러 개의 다리에 의해서 지탱이 되는 판자에 의해 형성된 가구.

[2]caballero(신사) : 어느 정도 사려있거나 또는 좋은 풍채[기품]을 지닌 사람.

[3]Clave : ① El primer libro está sobre la mesa, y el segundo está debajo de la mesa.
    ② Hay dos sillas.

Segunda Lección

01 Gramática básica

■ Ser 평서문

단수	복수
yo soy	nosotros somos
tú eres	vosotros sois
él es ella es usted es	ellos son ellas son ustedes son

■ Ser 의문문

단수	복수
¿soy yo?	¿somos nosotros?
¿eres tú	¿sois vosotros?
¿es él? ¿es ella? ¿es Ud.?	¿son ellos? ¿son ellas? ¿son Uds.?

▶ **Memoria : Ser**는 '정의, (변하지 않는) 본질, 직업, 성격, 외모'의 의미에 사용되는 동사임.

 Gramática aplicada al examen

※ 이 파트는 학습이 완료된 이후, 복습차원에서 보는 페이지임.

1

Si yo _________ tu amigo, te diría la verdad.

① soy   ② fui   ③ era   ④ sea   ⑤ fuera

해석: 내가 네 친구였다면, 네게 진실을 말했을 텐데.

2

Sancho actúa como si _________ profesor.

① es   ② será   ③ sea   ④ fuera   ⑤ era

해석: 산초는 마치 선생님인 것처럼 행동한다.

3

Es cierto que esa medicina _________ muy peligrosa.

① sea   ② es   ③ fue   ④ sería   ⑤ será

해석: 그 약이 매우 위험하다는 것은 분명하다.

정답: 1 ⑤   2 ④   3 ②

Segunda Lección

Lectura básica

4

Profesor : Aquí está un hombre. El hombre es un rey.

Alumno : ¿Está el rey en una silla?

Profesor : No, el rey está en un trono.

Alumno : ¿Qué es 'un trono'?

Profesor : 'Un trono' es un asiento.

Alumno : ¿Es una silla un asiento?

Profesor : Sí, una silla es un asiento para una persona, y un trono es un asiento para un rey.

Alumno : Aquí está otro asiento. ¿Es una silla?

Profesor : No, señor.

Alumno : ¿Qué es?

Profesor : Es un sofá. Una silla es un asiento para una persona y un sofá es un asiento para dos(2), tres(3), o cuatro(4) personas.

Alumno : ¿Está el hombre en un sofá?

Profesor : No, señor, el hombre está en una silla.

[1]asiento : Lugar o cosa que sirve para sentarse.

Pregunta : ① ¿Qué es un trono?
② ¿Qué es una silla?

5

Profesor : Aquí están tres hombres. Uno es coreano; uno es español y uno es francés.

Alumno : ¿Es usted español?

Profesor : No, señor, soy coreano.

Alumno : ¿Es Juan español?

Profesor : Sí, Juan es español. El libro sobre la mesa es inglés, y el libro debajo de la mesa es español.

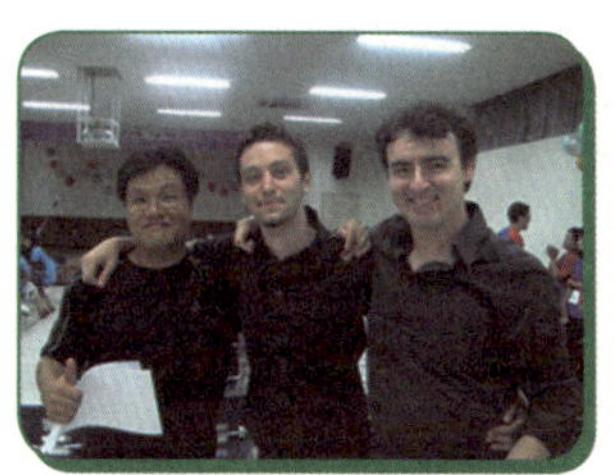

[1]español : Relativo a España o al que es natural de ella. Lengua castellana.

✎ Pregunta: ① ¿Qué hay sobre la mesa?

6

Alumno : Aquí está una casa. ¿Está Ud. en casa?

Profesor : Sí, señor, estoy en casa.

Alumno : ¿Está el rey en casa?

Profesor : No, señor, el rey está en el palacio.

Alumno : ¿Qué es un 'palacio'?

Profesor : Un palacio es la residencia(= casa) de un rey.

Alumno : ¿Está Ud. en un palacio?

Profesor : No, señor, estoy en casa.

[1]rey : Jefe supremo del Estado.

✎ Pregunta: ① ¿Qué es un 'palacio'?

Segunda Lección

7

Alumno : ¿Es la casa nueva?

Profesor : Sí, la casa es nueva. Aquí está otra casa. Es una casa vieja.

Alumno : ¿Qué es 'Vieja'?

Profesor : 'Vieja' es lo contrario de *nueva*.

Alumno : ¿Es el libro en español nuevo?

Profesor : Sí, el libro en español es nuevo y el libro en inglés es viejo.

Alumno : ¿Y el libro en francés?

Profesor : El libro en francés es nuevo.

[1] casa : Edificio para vivir en él.

[2] nuevo : Se aplica a lo que acaba de aparecer o fabricarse.

Pregunta : ① ¿Qué es 'vieja'?

쉬어가기-1

알아야할 기초 회화표현은 무엇일까? - 01

- 안녕.   Hola.
- 좋은 아침.   Buenos días.
- 잘 가.   Adiós.
- 맞아.   Sí.
- 아니야.   No.
- 부탁이다.   Por favor.
- 감사 합니다.   Gracias.
- 천만에.   De nada
- 모르겠어.   No sé.
- 이해 안 돼.   No entiendo.
- 만나서 반가워.   Mucho gusto.
- 스페인어를 아주 조금 말해.   Hablo muy poco español.
- 뭐라고?   ¿Cómo?
- 실례합니다.   Perdón.
- 죄송합니다.   Lo siento.
- Okay   Vale.
- 괜찮아.   Está bien.
- 그 거야.   Eso es.
- 대수롭지 않아.   No importa.

Segunda Lección

4

Profesor : 여기 한 남자가 있다. 그 남자는 왕이다.

Alumno : 왕이 의자에 있습니까?

Profesor : 아니. 왕은 왕좌(trono)에 있단다.

Alumno : 'Un trono'가 뭐죠

Profesor : 'Un trono'는 좌석이다.

Alumno : 의자도 좌석입니까?

Profesor : 네, 의자는 (일반) 사람을 위한 좌석이고, Un trono(왕좌)는 왕을 위한 좌석
이다.

Alumno : 여기 다른 좌석이 있습니다. 의자입니까?

Profesor : 아냐.

Alumno : 뭐죠?

Profesor : 쇼파지. 의자는 한사람을 위한 좌석이고, 쇼파는 2, 3 또는 4명의 사람들을
위한 좌석이야.

Alumno : 쇼파에 그 남자가 있나요?

Profesor : 아니, 그 남자는 의자에 있단다.

✎ 해설 : • asiento 좌석
    → la silla(일반) 의자 / el sofá 쇼파 / el trono 왕좌 / el banco 벤치

✎ 어휘 : el rey 왕 / la persona 사람
    el número 숫자
    → 1 - uno / 2 - dos / 3 - tres / 4 - cuatro / 5 - cinco
     6 - seis / 7 - siete / 8 - ocho / 9 - nueve / 10 - diez

[1]asiento(좌석) : 앉기 위해 사용되는 장소 또는 사물.

[2]Clave : ① Es un asiento para el rey.

    ② Es un asiento para la persona.

"

5

Profesor : 여기 세 명의 남자가 있단다. 한명은 한국인, 한명은 스페인 사람, 그리고 한 명은 프랑스 인이란다.

Alumno : 당신은 스페인 사람인가요?

Profesor : 아니 난 한국인이란다.

Alumno : 후안은 스페인 사람인가요?

Profesor : 응, 후안은 스페인 사람이지. 테이블 위의 책은 영어책이고, 테이블 아래의 책은 스페인책이다.

🖋 해설 : • 'Uno es coreano (한명은 한국사람)'에서 Uno는 Un hombre의 대명사 형태임.

• El libro sobre la mesa es inglés.
→ inglés는 '영국의'라는 형용사로 libro를 수식하며, libro inglés는 '영국에서 나온 책'을 의미함. '영어 책'이라고 할 경우는 el libro de inglés로 씀.

🖊 어휘 : el español 스페인의; 스페인 사람 / el francés 프랑스의; 프랑스 사람

[1]español : 스페인과 관련된 또는 스페인 출신인 사람과 관련된 카스티야 언어.

[2]Clave : ① Hay un libro inglés.

6

Alumno : 여기 집 한 채가 있습니다. 당신은 집에 있나요?

Profesor : 응, 난 집에 있지.

Alumno : 왕은 집에 있나요?

Profesor : 아니. 왕은 궁궐(Palacio)에 있단다.

Alumno : 'Palacio'가 뭔가요?

Profesor : Un palacio는 왕의 거주지(집)란다.

Alumno : 당신은 궁궐에 있나요?

Profesor : 아니 나는 집에 있단다.

🖋 해설 : • estar 동사는 '구체적 사물 또는 사람의 위치'를 나타냄.
주어의 경우는 정관사 또는 소유격을 사용한 명사를 사용할 수 있음.
예) Mi libro está sobre la mesa.
내 책은 책상 위에 있다.

Segunda Lección

- hay 동사의 경우는 estar와 다르게, 부정관사 또는 관사 없는 명사를 의미상 주어로 사용할 수 있음.

  예) Hay unos libros debajo de la mesa.
  몇 권의 책이 책상 아래에 있다.

✏ 어휘 : la casa 집 / el palacio 궁(궐) / la residencia 거주지

[1]rey(왕) : 국가 최고의 수장.

[2]Clave: ① Es la residencia de un rey.

7

Alumno : 새 집인가요?

Profesor : 응 집은 새집이다. 여기 다른 집이 있다. 오래된(vieja) 집이지.

Alumno : 'Vieja'가 뭔가요?

Profesor : 'Vieja'는 새로운(nueva)의 반대되는 것이다.

Alumno : 스페인어로 된 책은 새 것인가요?

Profesor : 응, 스페인어로 된 책은 새것이고, 영어로 된 책은 오래된 것이다.

Alumno : 그럼, 프랑스어로 된 것은요?

Profesor : 프랑스어로 된 책은 새 것이란다.

✏ 해설 : • casa nueva 새집(새로 지은 집)

  → 형용사를 명사 앞으로 위치해 nueva casa가 되는 경우. '새집(새로 이사한 집)'의미로 변화가 있음.

  예) Ella habla en inglés.
  그녀는 영어로 말한다.

- 'lo + 남성 단수 형용사'는 추상명사의 의미임.

  예) lo necesario 필요한 것 / lo fácil 쉬운 것 / lo bueno 좋은 것

✏ 어휘 : viejo 오래된, 늙은 / contrario 반대의

[1]casa(집) : 안에서 살기 위한 건물.

[2]nuevo(새로운) : 막 나타났거나 또는 만들어진 것에 적용된 것이다.

[3]Clave : ① Es lo contrario de nueva.

쉬어가기-2

알아야할 기초 회화표현은 무엇일까? - 02

- 더 천천히. Más despacio.
- 동의 한다. De acuerdo.
- 한 번 더, 부탁해. Otra vez, por favor.
- 그것을 다시 말해줄 수 있어? ¿Puedes repetirlo?
- 영어할 줄 알아? ¿Hablas inglés?
- 영어할 줄 아는 사람 있나요? ¿Hay alguien que hable inglés?
- 이것은 무엇이죠? ¿Qué es esto?
- 무슨 일이지? ¿Qué pasa?
- 이것은 스페인어로 뭐죠? ¿Cómo se dice esto en español?
- 저도 도와주시겠어요? ¿Puede ayudarme?
- 몇 시 인가요? ¿Qué hora es?
- 이것은 얼마입니까? ¿Cuánto es esto?
- 맛있는 식사 되세요. Buen provecho.
- 가장 가까운 역은 어디에 있죠? ¿Dónde está la estación más cercana?
- 이름이 어떻게 되니? ¿Cómo te llamas?

Tercera Lección

 **Gramática básica**

■ Tener 평서문

단수	복수
yo tengo	nosotros tenemos
tú tienes	vosotros tenéis
él tiene ella tiene usted tiene	ellos tienen ellas tienen ustedes tienen

■ Tener 의문문

단수	복수
¿tengo yo?	¿tenemos nosotros?
¿tienes tú?	¿tenéis vosotros?
¿tiene él? ¿tiene ella? ¿tiene usted?	¿tienen ellos? ¿tienen ellas? ¿tienen ustedes?

▶ Memoria : tener는 '소유'의 의미 이외에 'tener que + 동사원형'의 형태로, '〜해야만 한다'
라는 의무표현에 사용되는 동사이며, 영어의 have와 의미와 사용면에서 비슷하
지만 완료형을 만드는 조동사로는 사용하지 않음.

02 Gramática aplicada al examen

※ 이 파트는 학습이 완료된 이후, 복습차원에서 보는 페이지임.

1

¿Cuántos años _________ Ud. cuando llegó a esta ciudad?

① tiene   ② tendrá   ③ tuvo   ④ tuviera   ⑤ tenía

해석: 당신이 이 도시에 왔을 때, 몇 살이었죠?

2

En la esquina hay una chica que _________ libros blancos.

① tiene   ② tener   ③ tenía   ④ tendrá   ⑤ tenga

해석: 모퉁이에 흰 책들을 가지고 있는 여자 아이가 한명 있다.

3

Hace dos meses que él _________ el edificio pequeño.

① tiene   ② tuvo   ③ tenga   ④ tuviera   ⑤ tendría

해석: 그가 작은 건물을 소유한지는 두 달이 되었다.

정답: 1⑤ 2① 3①

Tercera Lección

8

Profesor : Aquí están un hombre y un niño. El
hombre es un maestro(= profesor), y
el niño es un discípulo(= estudiante).
El maestro y el discípulo están en la
escuela.

Alumno : ¿Qué es 'escuela'?

Profesor : Una escuela es un establecimiento(= institución) en que los
discípulos reciben instrucción de los maestros o profesores.
¿Eres tú un discípulo?

Alumno : Sí, profesor, soy un discípulo y estoy en una escuela. La silla es
para el maestro, y el banco es para los niños. ¿Qué tiene aquel
maestro?

Profesor : El maestro tiene un libro de español. ¿Qué tiene aquel niño?

Alumno : El niño tiene otro libro.

Profesor : ¿Qué tiene el otro niño?

Alumno : Él tiene unos lápices. ¿Qué objeto está entre el profesor
y el discípulo?

Profesor : Un pupitre.

Alumno : ¿Qué es 'pupitre'?

Profesor : Un pupitre es una mesa para escribir. El profesor está sentado
delante del pupitre.

Alumno : ¿Está el niño delante del pupitre?

Profesor : No, el niño está parado delante del maestro.

[1]maestro : Persona que enseña algo (ciencia, arte, oficio).

²discípulo : Persona que aprende bajo la enseñanza de un maestro o en un centro docente.

📖 Pregunta: ① ¿Qué es 'escuela'?

② ¿Qué es 'pupitre'?

9

Alumno : ¿Está el niño en una clase?

Profesor : Sí, el niño es un discípulo; el discípulo está en la clase.

Alumno : ¿Está la clase en la escuela?

Profesor : Sí, la clase está en una escuela.

Alumno : ¿Qué objeto está sobre el pupitre?

Profesor : Está el tintero.

Alumno : ¿Qué contiene el tintero?

Profesor : El tintero contiene tinta.

Alumno : ¿Qué es 'tinta'?

Profesor : La tinta es un fluido para escribir.

Alumno : ¿Qué objeto está en el tintero del maestro?

Profesor : Una pluma. La pluma está en la tinta, y la tinta está en el tintero. El tintero está sobre el pupitre. ¿Tienes tú un tintero?

Alumno : Sí, profesor, tengo un tintero y una pluma.

Profesor : ¿Tienen los niños en la escuela tinteros y plumas?

Alumno : No, ellos tienen unos lápices y los bolígrafos. ¿Tiene Ud. tinta en el tintero?

Profesor : Sí, tengo. ¿De qué color es la tinta?

Alumno : La tinta es generalmente de color negro. ¿Es Ud. un negro?

Profesor : No, yo soy europeo. El negro es un africano. Él es de color negro.

Alumno : ¿De qué color es un indio?

Profesor : El indio es de color rojizo.

Tercera Lección

Alumno : ¿De qué color es el coreano?

Profesor : El indio es de color rojizo.

Alumno : ¿De qué color es el coreano?

Profesor : El coreano es de color amarillo. El coreano, el indio
y el africano(= negro) son tipos de tres razas diferentes.

[1]pluma : Instrumento de metal, semejante al pico de la pluma de ave cortada
para escribir.

Cada una de las piezas de que está cubierto el cuerpo de las aves.

[2]lápiz : Instrumento hecho de madera y grafito empleado para escribir y
dibujar.

 Pregunta: ① ¿Qué es 'tinta'?

② ¿De qué color es un Indio?

10 Alumno : ¿De qué color es Ud.?

Profesor : Yo soy blanco. Yo soy europeo. Los
europeos y
los estadounidenses son blancos.

Alumno : ¿De qué raza somos los dos
(= Ud. y yo)?

Profesor : (Nosotros) somos de la raza romana y de la asiática.

Alumno : ¿De qué color es Carlos?

Profesor : Él es blanco.

Alumno : ¿De qué color son los niños en la escuela?

Profesor : Ellos son amarillos.

[1]color : Impresión que los rayos de luz reflejados en un objeto producen en la vista.

[2]raza : Cada uno de los grupos en que se subdividen las especies orgánicas, constituido por individuos que poseen características comunes y distintas de las de los demás grupos.

Pregunta: ① ¿De qué raza son el europeo y el coreano?

Lección **T**ercera

04 Traducción y explicación

8

Profesor : 여기 한 남자와 한 아이가 있다. 남자는 선생님이고, 아이는 학생이다. 선생님과 학생은 학교에 있다.

Alumno : 'Escuela'가 뭔가요?

Profesor : 학교는 학생들이 선생님으로부터 가르침을 받는 장소란다. 너는 학생이니?

Alumno : 네 선생님, 저는 학생입니다. 그리고 저는 학교에 있어요. 의자는 선생님을 위한 것이고, 긴 의자는 학생들을 위한 것입니다. 저 선생님은 무엇을 가지고 있죠?

Profesor : 선생님은 스페인어 책을 가지고 있다. 저 아이는 무엇을 가지고 있지?

Alumno : 아이는 다른 책을 가지고 있습니다.

Profesor : 또 다른 아이는 무엇을 가지고 있지?

Alumno : 그는 몇 개의 연필을 가지고 있습니다. 선생님과 학생 사이에 무슨 물건이 있죠?

Profesor : 책상(Pupitre)이란다.

Alumno : 'Pupitre'가 뭔가요?

Profesor : 책상(pupitre)은 필기를 위한 테이블이란다. 선생님은 책상 앞에 앉아 있단다.

Alumno : 아이는 책상 앞에 있습니까?

Profesor : 아니. 아이는 선생님 앞에 서 있단다.

✎ 해설 : • Una escuela es un establecimiento en que los dicípulos reciben instrucción...

학교는 학생들이 수업 받을 수 있는 장소이다.

→ en que의 경우, 영어의 in which역할과 같고, 관계부사인 donde로 바꿀 수 있음.

• entre el profesor y el dicípulo (선생님과 학생 사이에)

→ 전치사 entre는 영어의 between, among의 역할을 모두 함.

• El profesor está sentado... (선생님이 앉아 있다)

→ 'estar + 과거분사(-ado/ -ido)'의 경우에 행동의 수동적 정지 상태를 의미함.

✎ 어휘 : el maestro 선생님 / el dicípulo 학생 / la escuela 학교
el establecimiento 장소 / la institución 시설 · 기관
el banco 벤치 / el lápiz 연필 / el objeto 물체 / el pupitre 책상
escribir 쓰다 / sentado 앉은

[1] maestro(선생님) : 무엇(과학, 예술, 업무)을 가르치는 사람.

[2] dicípulo(학생) : 교육기관에서 또는 선생님의 가르침 하에서 배우는 사람

[3] Clave : ① Es un establecimiento(= institución) en que los discípulos reciben
instrucción de los maestros o profesores.
② Es una mesa para escribir.

9

Alumno : 아이는 교실에 있습니까?

Profesor : 응, 아이는 학생이란다. 학생은 교실에 있지.

Alumno : 교실은 학교에 있나요?

Profesor : 응, 교실은 학교에 있단다.

Alumno : 책상 위에는 무슨 물건이 있습니까?

Profesor : 잉크 병이 있다.

Alumno : 잉크병에는 무엇이 들어 있나요?

Profesor : 잉크병에는 잉크가 있단다.

Alumno : 'Tinta'가 뭐죠?

Profesor : Tinta는 필기를 위한 액체란다.

Alumno : 선생님의 잉크병에는 무슨 물건이 있는 거죠?

Profesor : 펜이란다. 펜이 잉크에 있고, 잉크는 잉크병에 있단다. 잉크병은 책상 위에
있단다. 넌 잉크병이 있니?

Alumno : 네, 선생님, 전 잉크병과 펜이 있습니다.

Profesor : 아이들은 학교에서 잉크병과 펜을 가지고 있니?

Alumno : 아뇨. 연필과 볼펜을 가지고 있습니다. 선생님은 잉크병에 잉크가 있나요?

Profesor : 응, 있단다. 잉크는 무슨 색이니?

Alumno : 잉크는 일반적으로는 검정색입니다. 선생님은 흑인인가요?

Profesor : 아니, 난 유럽인이란다. 흑인은 아프리카인이란다. 그(흑인)는 검정색이지.

Alumno : 인디오는 무슨 색이죠?

Lección Tercera

Profesor : 인디오는 불그스름한 색이란다.

Alumno : 한국 사람은 무슨 색이죠?

Profesor : 한국 사람은 노란색이란다. 한국사람, 인디오 그리고 아프리카인은 다른 세 인종이란다.

해설 : • ¿Qué objeto estásobre el pupitre? (학생) 책상 위에는 무슨 물건이 있니?

→ 의문사 Qué는 이 문장에서는 형용사 역할을 함. Cuál의 경우는 명사역할만 함을 유의해야함.

ο 명사역할을 하는 경우는 다음 과 같음.

¿Qué es esto? 이것은 뭐죠?

• contiene의 동사원형은 contener로 변화형은 tener형과 동일함.

→ contengo, contienes, contiene, contenemos, contenéis, contienen

• La pluma está en la tinta, y la tinta está en el tentero.

→ 펜은 잉크에 있고, 그 잉크는 잉크병에 있다.

(잉크병에 잉크에 있으며, 그 곳[잉크병]에 펜이 꽂혀있는 그림)

어휘 : el pupitre (학생) 책상 / contener 포함하다 / la tinta 잉크 / el tintero 잉크병 la pluma 펜 / el color 색 / negro 검은 / el indio 원주민 / rojizo 붉으스름한 amarillo 노란 / la raza 인종

[1]펜 : 필기를 위해 새의 깃털의 뾰족한 끝과 유사한 금속성 도구.

(깃털) 새들의 몸을 덮고 있는 여러 깃털들 중에 하나.

[2]연필 : 필기하고 그리기 위해 사용되는 나무와 흑연으로 만들어진 도구.

[3]Clave : ① Es un fluido para escribir.

② Es de color rojizo.

Alumno : 선생님은 무슨 색이죠?

Profesor : 난 흰색(백인)이지. 난 유럽인이란다. 유럽인과 미국인들은 흰색이란다.

Alumno : 우리 둘은 무슨 인종이죠?

Profesor : 우리는 로마 인종이며, 아시아 인종이란다.

Alumno : 까를로스는 무슨 색이죠?

Profesor : 그는 흰색(백인)이란다.

Alumno : 학교에 이는 아이들은 무슨 색이죠?

Profesor : 그들은 노란색이란다.

🖋 해설 : • ¿De qué color es Ud.? 당신의 (피부)색은 어떠세요?

　　　→ 색을 물어볼 때, '¿De qué color~?'로 묻는 것은 색깔에 관한 것을 명사로
　　　　취급해서 de 전치사로 연결을 하는 것임. 하지만 대답을 할 때, 색을 직접
　　　　형용사로 언급할 때는 de color를 생략하는 경우가 일반적임.
　　　　El libro es de color rojo. (책은 빨간 색이다.)
　　　　El libro es rojo. (책은 빨간 색이다.)

　　　• contiene의 동사원형은 contener로 변화형은 tener형과 동일함.

🖋 어휘 : blanco 흰 / europeo 유럽의; 유럽인 / estadounidense 미국의; 미국인
　　　romano 로마의 / asiático 아시아의

[1]색깔 : 사물에 반사되는 빛이 시 감각 속에서 만들어지는 인상.

[2]종족 : 유기적 종류들이 세분화된 그룹들 속의 각각의 하나의 그룹으로서 공통 특성을 가
　　　지고 있는 개인 구성원들에 의해 구성되며, 이외의 그룹들과는 구별된 특성을 가
　　　지고 있음.

[3]Clave : ① El europeo es blanco, y el coreano es amarillo.

Cuarta Lección

Gramática básica

■ **Ser** 부정문

단수	복수
yo no soy	nosotros no somos
tú no eres	vosotros no sois
él no es ella no es usted no es	ellos no son ellas no son ustedes no son

■ **Estar** 부정문

단수	복수
yo no estoy	nosotros no estamos
tú no estás	vosotros no estáis
él no está ella no está usted no está	ellos no están ellas no están ustedes no están

▶ **Memoria :** 스페인어에서 부정의미의 명사 또는 부사를 반복한다고 해서, 2중 부정이 되지 않음에 유의해야함. 오히려 부정의 강조임.

① No habla nada.

② No hay nadie en la clase.

02 Gramática aplicada al examen

※ 이 파트는 학습이 완료된 이후, 복습차원에서 보는 페이지임.

1

¿Dónde __________ la boda a las dos?

① es　　② está　　③ hay　　④ tiene　　⑤ ha estado

해석: 2시에 어디서 결혼식이 있지?

2

Me alegra mucho que Elena haya decidido casarse.
¡Que no __________ más triste!

① es　　② está　　③ sea　　④ esté　　⑤ estará

해석: 난 엘레나가 결혼하기로 결정했다고 하니 너무 기쁘다.
　　　그녀가 더 이상 우울하지 않았으면 해!

3

¿Dónde __________ la foto de mi novia?
¿Por qué no __________ él tan bien?

① es　　② está　　③ son　　④ están　　⑤ tiene

해석: 어디에 제 여자 친구의 사진이 있죠?
　　　왜 그는 그렇게 컨디션이 좋지 않아?

정답: 1① 2④ 3②

Cuarta Lección

Alumno : Aquí está una señora. ¿Está la señora sentada?

Profesor : No, la señora no está sentada; ella está de pie.

Alumno : ¿Está Ud. sentado?

Profesor : No, señor, yo no estoy sentado, yo estoy parado. Los otros chicos están sentados.

Alumno : ¿Están sentadas las chicas?

Profesor : Sí, señor, ellas están sentadas.

Alumno : ¿Están ellas sentadas en bancos?

Profesor : Ellas están sentadas en sillas, y los chicos están sentados en bancos.

[1]sentar : Colocar algo apoyándolo en un sitio.

[2]parar : Cesar en el movimiento o en la acción.

Pregunta: ① ¿Dónde están sentados los chicos y las chicas?

Profesor : Aquí está otra señora.

Alumno : La señora tiene un niño. ¿Es la señora la madre del niño?

Profesor : Sí, ella es la madre.

Alumno : ¿Está la madre sentada en una silla?

Profesor : No, ella está sentada en un sillón.

Alumno : ¿Qué es 'sillón'?

Profesor : Un 'sillón' es un asiento más cómodo que una silla. ¿Está el niño sentado?

Alumno : No, el niño no está sentado; él está parado en la falda
de la madre.

Profesor : ¿Es el niño grande o pequeño?

Alumno : El niño es pequeño, los niños son pequeños.

Profesor : ¿Es grande la chica?

Alumno : La chica no es grande, pero ella es más grande que el niño.

[1]cómodo : Se aplica a la cosa que resulta manejable con facilidad o a la tarea
fácilmente realizable.

Pregunta: ① ¿Qué es 'sillón'?

13

Profesor : Aquí están un brazo y una mano. Una mano y una mano son
dos manos. ¿Tienes dos manos, Juan?

Alumno : Sí, profesor, tengo dos manos como Ud. ¿Cuántas manos tiene
Sancho?

Profesor : Él tiene también(= igualmente) dos manos. Una mano tiene
cinco dedos. ¡A contar los dedos, Juan! Un dedo, dos dedos,
tres dedos, cuatro dedos, cinco dedos.

Alumno : ¿Cuál es el primer dedo?

Profesor : El primer dedo es el dedo pulgar.

Alumno : ¿Cuál es el segundo dedo?

Profesor : El segundo dedo es el dedo índice.

Alumno : ¿Cuál es el tercer dedo?

Profesor : El tercer dedo es el dedo de en medio.

Alumno : ¿Qué es 'medio'?

Profesor : 'Medio' tiene la significación de 'a igual distancia de dos
extremos.'

Cuarta Lección

Alumno : ¿Cuál es el cuarto dedo?

Profesor : El cuarto dedo es el dedo anular.

Alumno : ¿Cuál es el quinto dedo?

Profesor : El quinto dedo es el dedo meñique. ¿Dónde está el dedo 'índice'?

Alumno : El dedo índice está entre el dedo pulgar y el dedo de en medio,
y el dedo de en medio entre el dedo índice y el dedo anular.
El último dedo es el dedo meñique.

Profesor : ¿Cuál es el mayor(= más grande) de los dedos?

Alumno : El dedo de en medio es el mayor.

Profesor : ¿Cuál es el menor(= más pequeño) de los dedos?

Alumno : El dedo meñique es el menor.

[1]brazo : Miembro superior del cuerpo humano que va del hombro a la mano.

[2]mano : Cada una de las dos pates del cuerpo humano situadas en el extremo
de los brazos, provistas de dedos para coger las cosas.

Pregunta: ① ¿Qué es 'medio'?

② ¿Cuál es el mayor(= más grande) de los dedos?

③ ¿Cuál es el menor(= más pequeño) de los dedos?

14

Profesor : El dedo pulgar es el más fuerte.

Alumno : ¿Qué es 'fuerte'?

Profesor : Fuerte es lo contrario de débil. Un hombre es
fuerte, una mujer(= señora) es 'débil'. El sexo
masculino es fuerte, el sexo femenino es débil.

Alumno : ¿Es Ud. fuerte?

Profesor : Sí, señor, yo soy grande y fuerte, y yo soy más fuerte que Juan.

Alumno : ¿Es Elena fuerte?

Profesor : No, Elena es una pequeña chica, y no es fuerte.

[1]contrario : Que es opuesto a algo o a los deseos de alguien.

Pregunta: ① ¿Qué es 'fuerte'?

15

Profesor : Un hombre tiene dos brazos, dos manos y diez dedos.

Alumno : ¿Qué es 'diez'?

Profesor : Cinco y uno son seis; seis y uno son siete; siete y uno son ocho; ocho y uno son nueve; nueve y uno son diez; yo tengo dos brazos y dos manos, y cada mano tiene cinco dedos. Dos manos tienen diez dedos. Aquí están una pierna y un pie.

Alumno : ¿Cuántas piernas y cuántos pies tiene un hombre?

Profesor : Un hombre tiene dos piernas y dos pies.

Alumno : ¿Tiene un pie cinco dedos?

Profesor : Sí, una mano tiene cinco dedos, y un pie tiene también cinco dedos.

Alumno : ¿Tiene el pie un dedo pulgar?

Profesor : No, señor, el dedo del pie que corresponde al dedo pulgar de la mano es el dedo gordo.

Alumno : ¿Qué es 'gordo'?

Profesor : 'Gordo' es sinónimo de corpulento.

[1]dedo : Cada una de las partes en que se dividen los extremos de las manos, pies o pezuñas, que suelen ser cinco.

Pregunta: ① ¿Qué es 'diez'?

② ¿Qué es 'gordo'?

Cuarta Lección

04 Traducción y explicación

11

Alumno : 여기 한명의 부인께서 계십니다. 부인은 앉아 있나요?

Profesor : 아니, 부인은 앉아 계시지 않는다. 서 계신다.

Alumno : 선생님은 앉아 계신가요?

Profesor : 아니, 난 앉아 있지 않아. 난 서있단다. 다른 아이들은 앉아 있지.

Alumno : 여자 아이들은 앉아 있나요?

Profesor : 응, 그녀들(여자아이들)은 앉아 있단다.

Alumno : 그녀들은 벤치에 앉아 있나요?

Profesor : 그녀들은 의자에 앉아 있고, 남자 아이들인 벤치에 앉아 있단다.

🖊 해설 : • Está sentado(a) 앉아 있다.

→ '서 있다/ 앉아 있다' 등의 정지 상태의 경우는 과거분사를 사용하는 경우가 일반적임.

　Ella está parada(= está de pie). 그녀가 서 있다.

🖊 어휘 : parado 멈 춘(서 있는) / banco 벤치, 은행

[1]앉히다 : 한 장소에 그것을 기대고 있으며 무엇인가 배치를 하는 것.

[2]멈추다 : 행동 또는 움직임 속에서 중지하는 것.

[3]Clave : ① Los chicos están sentados en bancos y las chichas están sentadas en sillas.

12

Profesor : 여기 다른 부인이 있습니다.

Alumno : 그 부인은 한 아이를 데리고 있습니다. 그 부인은 아이의 어머니인가요?

Profesor : 응, 그녀는 어머니이시지.

Alumno : 어머니는 의자에 앉아 계신가요?

Profesor : 아니, 어머니는 팔걸이의자에 앉아 계셔.

Alumno : 'Sillón'이 뭐죠?

Profesor : 'Sillón'은 의자보다 더 편한 좌석이란다. 아이가 앉아 있니?

Alumno : 아뇨, 아이는 앉아 있지 않습니다. 그는 엄마의 치마(폭)에 서 있습니다.

Profesor : 아이가 크니 작니?

Alumno : 아이는 작습니다. 아이들은 작습니다.

Profesor : 여자 아이는 크니?

Alumno : 여자아이는 크지 않습니다. 하지만 그녀는 남자 아이보다 더 큽니다.

✒ 해설 : • un asiento más cómodo que una silla 의자보다 더 편안한 좌석
　　　　→ 비교급 표현 『más + 부사/ 형용사 / 명사 + que + 비교 대상』
　　　　　Ella es más guapa que la actriz. 그녀는 여배우보다 더 예쁘다(형용사).
　　　　　Ella se levanta más temprano que él. 그녀는 그보다 더 일찍 일어난다(부사).
　　　　　Ella tiene más libros que él. 그녀는 그보다 더 많은 책을 가지고 있다(명사).

　　　　• Él estáparado en la falda de la madre. 그는 어머니의 치마에 (붙어) 서 있다.
　　　　→ en은 영어의 in과 on의 뜻이 있는데, 이 문장에서는 on에 더 가깝게 사용
　　　　　되었음.

✒ 어휘 : sillón 안락의자 / grande 큰 / pequeño 작은

[1]편안한 : 쉽게 다루어질 수 있는 사물에 적용한거나 또는 실행하기 쉬운 과제에 적용한다.

[2]멈추다 : 행동 또는 움직임 속에서 중지하는 것.

[3]Clave : ① Es un asiento más cómodo que una silla.

Profesor : 여기 팔과 손이 있단다. 한손 그리고 한손은 두 손이 되지. 너는 두 손을 가
　　　　　지고 있지. 후안?

Alumno : 네, 선생님. 저는 선생님처럼 두 손을 가지고 있습니다. 산초는 몇 개의 손을
　　　　　가지고 있죠?

Profesor : 그도 역시 두 손을 가지고 있단다. 손 하나는 5개의 손가락을 가지고 있지.
　　　　　손가락을 세어보렴, 후안! 하나, 둘, 셋, 넷, 다섯 손가락.

Alumno : 첫 번째 손가락은 뭐죠?

Profesor : 첫 번째 손가락은 엄지란다.

Cuarta Lección

Alumno : 두 번째 손가락은 뭐죠?

Profesor : 두 번째 손가락은 검지지.

Alumno : 세 번째 손가락은 뭐죠?

Profesor : 세 번째 손가락은 중지란다.

Alumno : 'Medio'가 뭐죠?

Profesor : 'Medio'는 두 끝으로부터 같은 거리에 있다라는 의미를 가지고 있지.

Alumno : 네 번째 손가락은 뭐죠?

Profesor : 네 번째 손가락은 약지란다.

Alumno : 다섯 번째 손가락은 뭐죠?

Profesor : 다섯 번째 손가락은 새끼손가락이란다. 검지는 어디에 있는 거지?

Alumno : 검지는 엄지와 중지 사이에 있습니다. 그리고 검지와 약지 사이에는 중지가 있구요. 마지막 손가락은 새끼손가락입니다.

Profesor : 손가락 중에 어떤 것이 가장 크니?

Alumno : 중지가 가장 큽니다.

Profesor : 어떤 손가락이 가장 작니?

Alumno : 새끼손가락이 가장 작아요.

해설 : • A contar los dedos. 손가락을 세어보자.
- → 'a + 동사원형' 은 명령형 형태임.
- • primer dedo 첫 번째 손가락
- → 남성단수 명사 앞에서 primero, tercero, bueno, malo, alguno, ninguno 등의 어휘는 어미 ~o 를 생략함.
- • Cuál과 Qué 는 영어의 Which와 What의 차이와 동일함. 하지만, 스페인어의 cuál은 명사로만 사용되며, qué는 명사와 형용사로 모두 사용됨.
- • mayor와 menor 는 '(나이의) 위/ 아래'로 사용되지만, 크기에 있어서도 '더 큰/ 작은'으로 사용이 가능함.

어휘 : el brazo 팔 / la mano 손 / el dedo 손가락 / el dedo pulgar 엄지 / el dedo índice 검지 / el dedo de en medio 중지 / el dedo anular 약지 / el dedo meñique 새끼 손가락 / la significación 의미

서수 : 첫 번째 primero, 두 번째 segundo, 세 번째 tercero, 네 번째 cuarto,

다섯 번째 quinto, 여섯 번째 sexto, 일곱 번째 séptimo, 여덟 번째 octivo,
아홉 번째 noveno, 열 번째 décimo

[1]팔 : 어깨로부터 손까지 가는 인간의 몸의 상단 부분.

[2]손 : 물건을 집기 위해 손가락들을 가지고 있는, 팔의 끝에 자리 잡고 있는 인간의 몸의
두 부분 중 각각의 하나.

[3]Clave : ① Es la siginificación de "a igual distancia de dos extremos."
② El dedo de en medio es el mayor.
③ El dedo meñique es el menor.

14

Profesor : 엄지 손가락이 가장 힘이 세단다.

Alumno : 'Fuerte'가 뭐죠?

Profesor : 'Fuerte'는 약한 것의 반대란다. 남자는 힘이 세고, 여자는 힘이 약하단다.
남성은 힘이 세고, 여성은 힘이 약하다는 것이지.

Alumno : 힘이 세신가요?

Profesor : 응. 나는 덩치가 크고, 힘이 세단다. 그래서 난 후안보다 힘이 세지.

Alumno : 엘레나는 힘이 센가요?

Profesor : 아니 엘레나는 작은 여자아이란다. 그래서 힘이 세지 않지.

✎ 해설 : • el más fuerte 가장 힘이 센
→ 정관사 + más + 형용사 + de + 장소/집단 [최상급]

• Fuerte es lo contrario de débil. 강한 것는 것은 약한 것의 반대이다.
→ fuerte와 débil은 형용사이지만, 자체를 의미로만 취급하며, 하나의 명사로
취급해서 의미를 규정함.

• lo contrario 반대(것)
→ lo + 남성단수 형용사 = 추상명사
예) lo bueno 좋은 것 / lo malo 나쁜 것 / lo fácil 쉬운 것
lo necesario 필요한 것 / lo alto 높은 것 / lo barato 싼 것

✎ 어휘 : fuerte 힘 센 / débill 약한 / masculino 남성의 / femenino 여성의 /
pequeño 작은 / sexo 성(性, género)

[1]반대 : 무엇인가의 반대에 위치하거나 또는 누군가의 바람들의 반대에 위치하는 것.

[2]Clave : ① Es lo contrario de débil. En general, el sexo masculino es fuerte, el
sexo femenino es débil.

Cuarta Lección

15

Profesor : 사람는 팔을 두 개, 손을 두 개 그리고 10개의 손가락을 가지고 있지.

Alumno : 'Diez'가 뭐죠?

Profesor: 5 더하기 1은 6이고, 6 더하기 1은 7, 7더하기 1은 8이고, 8 더하기 1은 9, 9 더하기 1은 10이란다. 난 두 개의 팔과, 두 개의 손 그리고 각각 손 하나에 5개의 손가락을 가지고 있단다. 두 손은 10개의 손가락을 가지고 있지. 여기 다리와 발이 있다.

Alumno : 사람은 몇 개의 다리와 몇 개의 발을 가지고 있습니까?

Profesor : 사람은 두 개의 다리와 두 개의 발을 가지고 있단다.

Alumno : 발은 5개의 발가락을 가지고 있습니까?

Profesor : 응, 손은 5개의 손가락을, 그리고 발은 역시 5개의 발가락을 가지고 있단다.

Alumno : 발도 엄지손가락을 가지고 있나요?

Profesor : 아니, 엄지손가락과 같은 발가락은 엄지발가락[직역: 뚱뚱한 발가락]이라고 한단다.

Alumno : 'Gordo'는 무엇인가요?

Profesor : 'Gordo'는 '살찐'의 동의어란다.

해설 : ● Cada mano tiene cinco dedos. 각각의 손은 5개의 손가락을 가지고 있다.
→ **cada** + 명사 : 각각 ~ (명사의 반복적인 성질을 의미).
예) cada día 매일 / cada cuatro años 4년마다 /
cada persona 각각의 사람

● El dedo del pie que corresponde al dedo pulgar de la mano es el dedo gordo. 발가락은 손의 엄지 손가락에 해당하는 경우에 엄지발가락(dedo gordo)이 된다.
→ **dedo gordo** 는 '뚱뚱한 (발)가락'이 아니라 '엄지발가락'으로 번역해야 함.

어휘 : el brazo 팔 el brazo 팔 / el dedo 손(발)가락 / el pie 발 / el pierna 다리 / pulgar 엄지(손가락)의 / el sinónimo 유사어 / corpulento 비만한

[1]손(발)가락 : 5개로 되어 있는 손, 발 또는 (짐승의) 발톱의 끝을 나눠져 있는 부분들의 각각 하나.

[2]Clave : ① Nueve y uno son diez. Dos manos tienen diez dedos.
② Es lo contrario de *delgado*.

쉬어가기-3

아플때 표현은 어떻게?

- No estoy bien.　　　　　　　　　　　　　　　　나 컨디션이 안 좋아.
- No me encuentro bien.　　　　　　　　　　　　나 컨디션이 안 좋아.
- Tengo dolor de oídos(estómago, garganta, muela).
  귀(배, 목, 이)가 아프다.
- Tengo fiebre(alergia al polen, estreñimiento).
  열(꽃가루 알레르기, 변비)이 난다.
- Tengo diarrhea.　　　　　　　　　　　　　　　설사가 난다.
- Me ha picado una abeja(una medusa).　　　　　벌(해파리)에 쏘였다.
- Me ha mordido un perro(una serpiente).　　　　개(뱀)에 물렸다.
- Estoy vomitando(sagrando, mareado).　　　　　토를 한다(피 흘리다, 어지럽다).
- Estoy desmayándome(diabético, epiléptico).
  현기증이 난다(당뇨가 있다, 간질이다)

- 베인 상처	el corte	- 코피	la hemorragia nasal
- 찰과상	el rasguño	- 기침	la tos
- 멍	el cardenal	- 재채기	el estornudo
- 가시(박힘)	la astilla	- 감기	el resfriado
- 화상	la quemadura	- 독감	la gripe
- 물림	la mordedura	- 천식	el asthma
- 쏘임	la picadura	- 위경련	el calambre
- 뼴	el esguince	- 멀미	la náusea
- 골절	la fractura	- 발진	el sarpullido
- 두통	dolor de cabeza	- 혈압	la presión alta

Quinta **L**ección

01 Gramática básica

■ **Hablar** 평서문

단수	복수
yo hablo	nosotros hablamos
tú hablas	vosotros habláis
él habla ella habla usted habla	ellos hablan ellas hablan ustedes hablan

■ **Estar** 의문문

단수	복수
¿hablo yo ?	¿hablamos nosotros?
¿hablas tú?	¿habláis vosotros?
¿habla él? ¿habla ella? ¿habla usted?	¿hablan ellos? ¿hablan ellas? ¿hablan ustedes?

📘 **Memoria** : ~**ar** 로 끝나는 동사로 변화형 연습을 해보자.

① cantar ② preguntar ③ comprar ④ contestar
⑤ preparar ⑥ estudiar ⑦ visitar

02 Gramática aplicada al examen

※ 이 파트는 학습이 완료된 이후, 복습차원에서 보는 페이지임.

1

Dentro de unos meses _________ mucho mejor el español.

① hablas   ② hablabas   ③ hablarías   ④ hablarás   ⑤ hablaste

🕵 해석: 너는 몇 달 내로 스페인어를 훨씬 더 잘 하게 될 것이다.

2

Yo conozco a un señor que _________ español muy bien.

① hable   ② hablando   ③ habla   ④ hablara   ⑤ hablaría

🕵 해석: 전 스페인어를 매우 잘하는 한 남자를 알고 있습니다.

3

_________ con ella si la conoces bien.

① Habla   ② Hable   ③ Hablará   ④ Hablaría   ⑤ Hablaba

🕵 해석: 네가 그녀를 잘 안다면, 그녀와 얘기해봐라.

🔓 정답: 1④ 2③ 3①

Quinta **L**ección

03 Lectura básica

16

Profesor : Aquí está un animal.

Alumno : ¿Qué animal es?

Profesor : Es un gato. Juanito.

Alumno : ¿Tiene Ud. un gato?

Profesor : Sí, señor, tengo un gato.

Alumno : ¿Tiene Ud. un gato grande o un gato pequeño?

Profesor : Tengo un gato pequeño.

[1] animal : Ser que se mueve por propio impulso.

 Pregunta : ① ¿Cómo es el gato del profesor?

17

Alumno : ¿Tiene Anita un gato también?

Profesor : Sí, ella tiene uno.

Alumno : ¿Tiene Sancho un gato también?

Profesor : Sí, él tiene uno.

Alumno : ¿Dónde está el gato?

Profesor : El gato está en la ventana.

Alumno : ¿Qué es 'ventana'?

Profesor : Aquí está una ventana. 'Ventana' es una abertura en una casa o edificio. Una puerta es también una abertura, pero la puerta es para entrar en una casa. Una casa tiene varias(= diferentes) puertas y ventanas. Nosotros entramos por la puerta, y miramos por la ventana.

Alumno : ¿Qué es 'miramos'?

Profesor : El infinitivo de 'miramos' es mirar, verbo regular de la primera conjugación.

Alumno : ¿Qué significa 'mirar'?

Profesor : Para explicar 'mirar' es necesario(= precio) hablar del ojo.

[1]abertura : Hueco practicado en las fachadas, como las ventanas, puertas.

✍ Pregunta: ① ¿Qué es 'ventana'?

② ¿Qué es 'miramos'?

18

Profesor : Aquí tiene un ojo. Un hombre tiene dos ojos.

Alumno : ¿Tiene Ud. dos ojos?

Profesor : Sí, tengo dos ojos también. Todos tenemos dos ojos.

Alumno : ¿Tiene el gato dos ojos?

Profesor : Sí, los animales tienen dos ojos, como nosotros. Miramos(= vemos) con los ojos. Los ojos sirven para mirar(= ver). Mirar es fijar los ojos en un objeto.

Alumno : ¿Con qué mira Ud.?

Profesor : Yo miro con los ojos.

Alumno : ¿Qué mira Ud.?

Profesor : Yo miro a ti(= Yo te miro).

[1]ojo : Órgano de la vista. Particularmente, la parte exterior de este órgano que tenemos en la cara.

✍ Pregunta: ① ¿Qué es 'mirar'?

Quinta Lección

19

Profesor : Aquí está otro animal.

Alumno : ¿Qué animal es?

Profesor : Es una oveja.

Alumno : ¿Tiene la oveja manos?

Profesor : No, una oveja y un gato tienen patas(= pies) y no manos.

Alumno : ¿Habla la oveja?

Profesor : No, señor, la oveja no habla; la oveja es un animal.
Los animales no hablan. La oveja bala; el gato maulla; pero
el hombre habla.

Alumno : ¿Habla Ud.?

Profesor : Sí, señor, yo hablo.

Alumno : ¿Qué habla Ud.?

Profesor : Hablo inglés y español.

[1]hablar : Hacerse entender por medio de palabras.

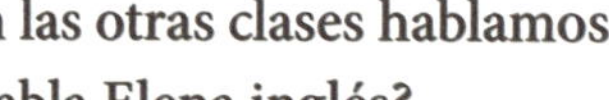Pregunta : ① ¿Qué sonido hacen la oveja y el gato como el hombre habla?

20

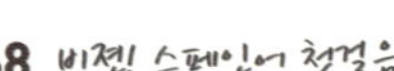

Profesor :¿Qué habláis vosotros?

Alumno : En la clase de francés, hablamos francés,
y en la clase de español hablamos español.
En las otras clases hablamos coreano.

Profesor :¿Habla Elena inglés?

Alumno : No, profesor. Elena no habla inglés. Ella habla japonés. Ella es
de Tokio. Tokio está en Japón.

Profesor : ¿Estamos nosotros en Japón?

Alumno : No, profesor, estamos en Seúl, en Corea del Sur.

[1]clase : En un centro de enseñanza, cada uno de los grupos de alumnos en su grado respectivo. Actividad docente.

Pregunta: ① ¿Qué lengua habla Elena?

21

Alumno : ¿De qué conjugación es el verbo hablar?

Profesor : El verbo hablar es de la primera conjugación. Todos los verbos terminados en *-ar* en el infinitivo son de la primera conjugación.

Alumno : ¿De qué conjugación son verbos estar, entrar, mirar, significar, fijar, balar, maullar, comprar?

Profesor : Son de la primera conjugación como hablar excepto estar.

Alumno : ¿Qué significa 'comprar'?

Profesor : 'Comprar' es obtener un objeto por dinero.

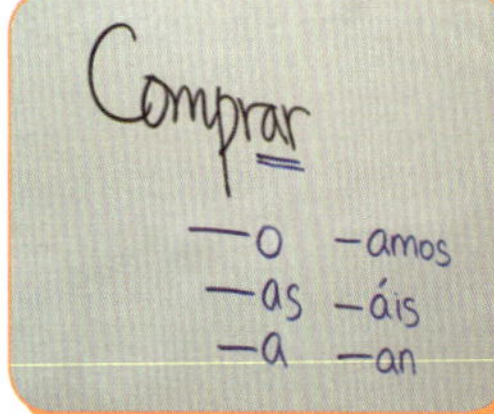

[1]conjugación : Poner en serie ordenada todas las formas que un verbo posee para expresar los accidentes de persona, número, tiempo y modo.

Pregunta: ① ¿Qué significa 'comprar'?

22

Alumno : ¿Qué es 'dinero'?

Profesor : 'Dinero' es moneda corriente para facilitar las transacciones comerciales. (En la próxima página tenemos una moneda.) El dinero es de oro, plata, cobre, o de papel. El 'oro', la 'plata' y el 'cobre' son metales. El oro y la plata son metales preciosos.

Quinta Lección

Alumno : ¿Es el 'cobre' un metal precioso?

Profesor : No, el cobre es un metal común.

Alumno : ¿Qué es 'común'?

Profesor : 'Común' es lo contrario de raro
(= precioso).

[1]moneda : Pieza metálica acuñada qe sirve de medida común del precio de
las cosas en las acciones de compra y venta.

 Pregunta: ① ¿Qué es 'dinero'?

② ¿Qué es 'común'?

23

Alumno : ¿De qué color es el oro?

Profesor : El oro es de color amarillo.

Alumno : ¿Y la 'plata'?

Profesor : La plata es de color blanco.

Alumno : ¿Y el 'cobre'?

Profesor : De color rojizo.

Alumno : ¿De qué color es el ojo?

Profesor : Algunos(= varios) ojos son negros, otros son azules, y también
de otros colores.

Alumno : ¿Tiene Ud. ojos azules?

Profesor : No, señor, tengo ojos negros.

[1]rojizo : De color que tiende a rojo.

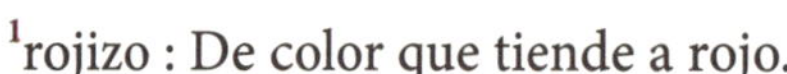 Pregunta : ① ¿De qué color son el oro, la plata y el cobre?

24

Alumno : ¿Tiene Ud. dinero?

Profesor : Sí, señor, tengo dinero, pero no tengo mucho(= gran cantidad). Los chicos no tienen mucho dinero.

Alumno : ¿Cuánto dinero tiene Ud.?

Profesor : Tengo cinco mil wones. Mil wones en quinientos de moneda: mil wones en ciento de moneda: tres mil wones en papel.

Alumno : ¿Qué es 'won'?

Profesor : 'Won' es la unidad monetaria en Corea. Mil wones es el dinero del valor de más o menos un dólar.

Alumno : ¿Es papel un metal?

Profesor : No, señor, el papel no es un metal, es una materia común.

[1]materia : Elemento que, junto con la energía, constituye el universo físico. Por oposición al 'alma', cosas terrenales y apegadas a los sentidos.

Pregunta: ① ¿Qué es 'won'?

25

Profesor : Los libros son de papel.

Alumno : ¿De qué color es el papel?

Profesor : El papel para libros es blanco.

Alumno : ¿No tiene Ud. papel de otro color?

Profesor : Sí, tengo papel de diferentes colores, pero uso más papel blanco que papel de color.

Alumno : ¿Usa Ud. mucho papel?

Profesor : Sí, señor, uso mucho en la escuela, pero menos que tú. Todos los chicos usan papel, plumas y tinta en la escuela para escribir.

Quinta Lección

¹diferente : Que no es igual a otro o a los demás

Pregunta: ① ¿De qué color es el papel más usado?

쉬어가기-4

쉬운 형용사, 부사 영어 표현을 스페인어 옮긴다면...

• a few	unos cuantos	조금(셀 수 있는 것)
• a little	un poco	조금(셀 수 없는 것)
• a lot	mucho(a)	많은
• deep	profundo(a)	깊은
• double	doble	두 배(의)
• enormous	enorme	거대한
• enough	bastante / suficiente	충분한
• few	pocos(as)	거의 없는(셀 수 있는 것)
• gigantic	gigantesco(a)	거대한
• heavy	pesado(a)	무거운
• high	alto(a)	높은
• large	grande	큰
• less	menos	덜, 더 적은
• light	ligero(a)	가벼운
• long	largo(a)	긴
• low	bajo(a)	낮은
• little	poco	거의 없는(셀 수 없는 것)
• more	más	더, 더 많은
• more or less	más o menos	약
• most	la mayoría de	대부분의
• much	mucho(a)	많은(셀 수 없는 것)
• several	algunos(as)	몇 개의
• short	corto(a)	짧은
• small	pequeño(a)	작은
• so many	tantos(as)	그렇게 많은(셀 수 있는 것)
• so much	tanto(a)	그렇게 많은(셀 수 없는 것)
• some	algunos(as)	몇 개의
• too many	muchos(as)	너무 많은(셀 수 있는 것)
• too much	demasiado	너무 많은(셀 수 없는 것)
• wide	ancho(a)	(폭) 넓은

Quinta **L**ección

16
Profesor : 여기 동물이 있네.
Alumno : 무슨 동물이죠?
Profesor : 고양이란다. 후아니또.
Alumno : 고양이를 가지고 계신가요?
Profesor : 응 고양이를 가지고 있단다.
Alumno : 큰 고양이인가요, 작은 고양이인가요?
Profesor : 작은 고양이를 가지고 있단다.

🖋 해설 : • Es un gato, Juanito. 고양이란다. 후아니또.

• sobre ~ = encima de ~ : ~위에

→ Juanito는 Juan의 축소형 명사로 일반 명사 또는 형용사 뒤에 ~ito(a),
~illo(a), ~ico(a)를 써서 붙이게 되면, '작고, 귀여운'의 의미를 가지게 됨.
예) · Ventana 창문 > Ventanilla
· Poco 적은 > Poquito
· Casa 집 > Casita
· Señora 여사 > Señorita

🖋 어휘 : el animal 동물 / el gato 고양이 / grande 큰 / pequeño 작은

[1]동물 : 자체 추진력에 의해 움직이는 존재.

[2]Clave : ① Su gato es pequeño.

17
Alumno : 아니따도 고양이를 가지고 있나요?
Profesor : 응, 그녀도 한 마리 있지.
Alumno : 산초도 또한 고양이가 있나요?
Profesor : 응, 그도 한 마리 가지고 있단다.

Alumno : 고양이는 어디에 있나요?

Profesor : 고양이는 창문에 있단다.

Alumno : 'Ventana'는 뭔가요?

Profesor : 여기 'Ventana(창문)'이 있단다. 'Ventana'는 집 또는 건물의 열림이란다. 문도 역시 열림이지, 하지만 문은 집으로 들어가기 위한 것이다. 집은 많은 문과 창문을 가지고 있지. 우리는 문을 통해서 들어가고, 창문을 통해서 볼 수 있단다.

Alumno : 'Miramos'는 뭐죠?

Profesor : 'Miramos'의 동사원형은 첫 번째 변화의 규칙동사인 Mirar이다.

Alumno : 'Mirar'는 무엇을 의미하죠?

Profesor : 'Mirar'를 설명하기 위해서는 눈에 관해 말하는 것이 필요하다.

🖊 해설 : • Una casa tiene varias puertas y ventanas.
집은 여러 개의 문과 창문을 가지고 있다.
→ varias 자리에 unas 또는 diferentes를 써도 의미가 유사함.

• La puerta es para entrar en una casa.
문은 집에 들어가는 용도이다.
→ entrar en + 장소 : ~(장소)로 들어가다

🖊 어휘 : la abertura 열림 / el edificio 빌딩, 건물 / la puerta 문 / mirar 보다 / significar 의미하다 / el ojo 눈 (目)

[1]동물 : 창문, 문과 같은 (건물의) 앞면에서 사용되는 틈새.

[2]Clave : ① Es una abertura en una casa o edificio.

② Es mirar, verbo regular de la primera conjugación, y es de la forma plural de la primera persona.

18 Profesor : 여기 눈이 있다. 사람은 두 개의 눈을 가졌고, 너도 두 개의 눈을 가졌다.

Alumno : 선생님도 두 개의 눈을 가졌죠?

Profesor : 응, 나도 역시 두 개의 눈을 가졌지. 우리 모두는 두 개의 눈을 가졌단다.

Alumno : 고양이도 두 개의 눈을 가졌죠?

Quinta **L**ección

Profesor : 응, 동물들은 우리처럼 두 개의 눈을 가졌지. 눈을 가지고 보자. 눈은 보기
            위한 역할을 한단다. 본다는 것은 한 사물에 눈을 고정시키는 것이란다.

Alumno : 선생님은 무엇을 가지고 보죠?

Profesor : 나는 눈을 가지고 본단다.

Alumno : 무엇을 보세요.

Profesor : 난 너를 본단다.

🖋 해설 : • Los ojos sirven para mirar. 눈(들)은 보기 위해 사용된다.
    → servir (이용하다, 서비스하다) 동사는 현재변화가 다음과 같다.
       Sirvo / Sirves / Sirve / Servimos / Servís / Sirven

  • Mirar es fijar los ojos en un objeto. 보는 것은 사물에 눈을 고정시키는 것이다.
    → 동사원형은 동명사의 역할을 함.
       예) Ver es creer. 보는 것은 믿는 것이다.

  • Yo miro a ti(= Yo te miro). 내가 널 본다.
    → 사람이 목적어일 경우 : a + 사람목적어
       a mí / a ti / a él(ella, Ud.) / a nosotros / a vosotros / a ellos(ellas, Uds.)

⚙ '전치사 + 인칭목적어'일 경우. a 이외의 형태와 동일.
   예) para mí / de ti / por él
     [예외] 전치사 con의 경우는 1인칭 · 2인칭단수에서만 다른 형태
       → conmigo 나와 함께, contigo 너와 함께

🖋 어휘 : como ~처럼, 같이 / servir 사용하다, 서비스하다 /
       fijar 고정시키다 / el objeto 사물

[1]눈 : 시각의 기관. 특히, 얼굴에는 이 기관의 바깥 쪽 부분을 가지고 있다.

[2]Clave : ① Es fijar los ojos en un objeto.

19

Profesor : 여기 다른 동물이 있단다.

Alumno : 무슨 동물이죠?

Profesor : 양이란다.

Alumno : 양은 손이 있나요?

Profesor : 아니, 양과 고양이는 발이 있고 손은 없단다.

Alumno : 양은 말을 하나요?

Profesor : 아니, 양은 말하지 않아. 양은 동물이지. 동물은 말을 하지 않아. 양은 울고, 고양이는 야옹한단다. 하지만 사람은 말을 하지.

Alumno : 선생님은 하시나요?

Profesor : 응. 나는 말을 하지.

Alumno : 무엇을 말하시나요?

Profesor : 난 영어와 스페인어를 말한단다.

해설 : • Una oveja y un gato tienen patas. 양과 고양이는 발을 가지고 있다.
　→ 동물이나 사물의 다리 또는 발을 표현할 때는 pata라고 하며, 사람의 경우는 pierna를 사용한다.
• ¿Qué habla Ud.? 당신은 무엇을 말합니까?
　→ 여기서 Qué는 언어를 의미함으로 Qué lengua 또는 Qué idioma로 바꿔서 사용할 수 있음.

어휘 : como ~처럼, 같이 el animal 동물 / la oveja 양 / el gato 고양이 / la pata 동물(사물) 다리 / balar (양, 염소) 짖다 / maullar (고양이) 울다 / el sonido 소리

[1]말하다 : 어휘들을 통해서 이해를 하게 되는 것.

[2]Clave : ① La oveja bala, y el gato maulla.

20 Profesor : 너희들은 무슨 말을 하지?

Alumno : 저희는 프랑스 수업시간에 프랑스어를 하고, 스페인어 수업시간에는 스페인어를 합니다. 다른 수업시간에는 한국어를 말합니다.

Profesor : 엘레나는 영어를 말하니?

Alumno : 아뇨, 선생님. 엘레나는 영어를 말하지 못합니다. 그녀는 일본어를 말합니다. 그녀는 도쿄 출신이거든요. 도쿄는 일본에 있습니다.

Profesor : 우리가 일본에 있는 거니?

Alumno : 아뇨, 선생님. 우리는 대한민국의 서울에 있습니다.

Quinta **L**ección

🖋 해설 : • hablamos francés. 우리는 프랑스어를 말한다.
   → hablar 동사 뒤에 언어명이 올 경우는 언어명칭 명사를 사용할 수 있지만,
      일반 명사를 사용하라 경우는 전치사 de를 사용해야 함.
      예) Ella habla de la escuela. 그녀는 학교에 대해 말을 한다.

🖋 어휘 : como ~처럼, 같이 / la clase 수업, 교실 / el francés 프랑스어 / el inglés 영어 /
   el japonés 일본어 / el coreano 한국어 / el español 스페인어

[1]반(수업) : 시각의 기관. 특히, 얼굴에는 이 기관의 바깥 쪽 부분을 가지고 있다.

[2]Clave : ① Elena habla japonés.

21

Alumno : Hablar동사는 무슨 변화에 속합니까?

Profesor : Hablar동사는 첫 번째 변화에 속한단다. 동사원형에서 −ar로 끝나는 모든
   동사는 첫 번째 변화에 속한다.

Alumno : estar, entrar, mirar, significar, fijar, balar, maullar, comprar동사들
   은 무슨 변화에 속합니까?

Profesor : Estar를 제외하고 Hablar처럼 첫 번째 변화에 속한단다.

Alumno : 'Comprar'는 무엇을 의미하죠?

Profesor : 'Comprar' 는 돈으로 물건을 얻는다는 것이란다.

🖋 해설 : • ¿De qué conjugación es el verbo *hablar*?
      hablar동사는 어떤 (동사)변화에 속하는가?
      → 'ser de + 명사'는 '～에 속하다'라는 의미를 가짐.
   • 'Comprar' es obtener un objeto por dinero.
      'Comprar'는 돈을 대가로 물건을 얻는 것이다.
      → 스페인어에서는 동사원형이 명사의 역할을 함으로 ser동사 뒤에 올 수 있음.
      예) Ver es creer. 보는 것은 믿는 것이다.

🖋 어휘 : la conjugación (동사)변화 / el infinitivo 동사원형 / terminado 끝나는 /
   significar 의미하다 / obtener 얻다 / el objeto 물건(사물) / el dinero 돈

[1](동사)변화 : 인칭, 수, 시제와 법의 발생시기를 표현하기 위해 동사의 모든 형태가 정리되어
   체계적으로 나타나는 것.

[2]Clave : ① Es obtener un objeto por dinero.

22

Alumno : 'Dinero'은 뭐죠?

Profesor 'Dinero' 은 상업적 교환을 수월하게 하기 위해 유통되는 화폐란다. (다음 페이지에 화폐가 나온다.) 돈은 금, 은, 동 또는 종이로 되어 있단다. '금', '은', '동'은 금속이다. 금과 은은 가치가 나가는 금속이란다.

Profesor : '구리'는 값어치가 나가는 금속인가요?

Profesor : 아니, 구리는 평범한 금속이란다.

Alumno : 'Común'이 뭐죠?

Profesor : 'Común' 은 드문(=가치있는)의 반대란다.

✎ 해설 : • 'Dinero' es moneda corriente para facilitar las transacciones comerciales.
'돈'은 상업적 교환을 수월하게 하기 위해 유통되는 화폐(통화)이다.
→ para facilitar 처럼 전치사 뒤에 동사원형이 올 수 있는 것은 동사원형이 명사로 사용되기 때문이다.
예) Este libro es para vender. 이 책은 판매하기 위한 것이다.

• El dinero es de oro, plata... 돈은 금, 은.. 재질로 되어 있다.
→ 'de + 재질' 을 쓸 때는 관사를 사용하지 않는다.
예) El anillo de oro. 금 반지.

✎ 어휘 : la moneda 동전, 통화 / corriente 흐르는, 유통되는 / facilitar 쉽게 만들다 / la transacción 교환 / comercial 상업의 / el metal 금속 / común 일반적 / precioso 귀한 / raro 드문

[1]동전 : 사고파는 행동 속에 물건의 가격을 공통적인 측정단위 역할로 사용되도록 주조해 만든 금속 조각.

[2]Clave : ① Es moneda corriente para facilitar las transacciones comerciales.
② Es moneda corriente para facilitar las transacciones comerciales.

23

Alumno : 금은 무슨 색이죠?

Profesor : 금은 노란색이다.

Alumno : 그럼 은은요?

Profesor : 은은 흰색이란다.

Quinta **L**ección

Alumno : 그럼 구리는요?

Profesor : 불그스름한 색이지.

Alumno : 눈은 무슨 색이죠?

Profesor : 어떤 (사람들의) 눈은 검정이고, 다른 사람은 파란색이란다. 그리고 또한 다른 색도 있지.

Alumno : 선생님은 파란색 눈을 가지고 계신가요?

Profesor : 아니, 난 검정색 눈을 가지고 있단다.

해설 : • El oro es de color amarillo. 금은 노란 색이다.
　　　→ 색을 나타내는 형용사를 직접 사용해서 색을 말할 수도 있다.
　　　　예) El oro es amarillo. 금은 노란색이다.

어휘 : rojizo 불그스름한 / alguno 어떤(긍정형) / también 역시(긍정) / otro 다른 / tener 가지다, 소유하다

[1]불그스름한 : 빨간색의 경향을 띄고 있는 색의.

[2]Clave : ① El oro es de color amarillo, la plata es de color blanco, y el cobre es de color rojizo.

Alumno : 돈을 가지고 계신가요?

Profesor : 응, 돈을 가지고 있지, 하지만 많지 않단다. 아이들은 많은 돈을 가지고 있지 않지.

Alumno : 얼마를 가지고 계신가요?

Profesor : 난 오천원을 가지고 있단다. 5백원 동전으로 천원, 백원짜리 동전으로 천원 종이돈으로 3천원이란다.

Alumno : 'Won'이 뭐죠?

Profesor : 'Won'은 한국에서 화폐 단위란다. 천원은 일 달러 가치의 돈이란다.

Alumno : 금속이 종이인가요?

Profesor : 아니지. 종이는 금속이 아니란다. 일반적인 재료란다.

✒ 해설 : ● no tengo mucho(= gran cantidad).
　　　　　난 많이 가지고 있지 않다(= 많은 양).
　　　　　→ mucho 가 의미적으로 gran cantidad(많은 양)의 의미를 상징함.
　　　　　　　✿ 참고: calidad 질(質)

　　　　● Mil wones es el dinero del valor de un dólar.
　　　　　천원은 1달러 가치의 돈이다.
　　　　　→ 숫자 mil은 앞에 un을 붙이지 않으며 복수형도 존재하지 않는다.
　　　　　　예) 2천 dos mil / 5천 cinco mil

✒ 어휘 : la cantidad 양 / el chico 소년 / won 원(화폐단위) / quinientos 오백 /
　　　　el papel 종이 / el valor 가치 / el dólar 달러(화폐단위) / la materia 재료

[1]물건(질) : 에너지를 지니고 물리적 세계를 구성하는 요소. '영혼'의 반대개념으로 의미를 지
　　　　니고 있으며, 존재하고 있는 사물(들).

[2]Clave : ① Es la unidad monetaria en Corea.

25

Profesor : 책은 종이란다.

Profesor : 종이는 무슨 색이죠?

Profesor : 책을 위한 종이는 흰색이지.

Profesor : 다른 색의 종이를 가지고 계신가요?

Profesor : 응, 난 다른 색의 종이를 가지고 있다. 그러나 색이 있는 종이보다 흰종이를
　　　　　더 많이 사용한단다.

Profesor : 종이를 많이 사용하시나요?

Profesor : 응, 학교에서 많이 사용한단다. 하지만 너보다는 덜 하겠지. 모든 아이들은
　　　　　필기하기 위해 학교에서 종이, 펜 그리고 잉크를 사용한다.

✒ 해설 : ● Uso más papel blanco que papel de color.
　　　　　색이 있는 종이보다는 흰 종이를 더 사용한다.
　　　　　→ 'más + 명사, 형용사, 부사'는 우등 비교급으로 '더 ~'의 의미를 가지고 있
　　　　　　으며, que는 '~보다'의 의미를 가지고 있다.
　　　　　예) Ella es más alta que él. 그녀는 그보다 더 크다.
　　　　　　　Él corre más rápido que ella. 그는 그녀보다 더 빨리 달린다.
　　　　　　　Él tiene más dinero que ella. 그는 그녀보다 더 많은 돈을 가지고 있다.

　　　　● menos que tú 너보다 덜

Quinta **L**ección

→ 열등 비교급으로 'menos(덜 ~) + 명사, 형용사, 부사'로 사용할 수 있으며,
que 뒤에 비교 대상을 넣어서 '~보다'로 사용한다.
예) Él es menos alto que ella. 그는 그녀보다 덜 크다(=작다).

✒ 어휘 : diferente 다른 / más 더 / menos 덜 / usar 사용하다 / la pluma 펜 /
la escuela 학교 / la tinta 잉크 / escribir 필기하다

[1]다른 : 이외의 것 또는 다른 것과 같지 않은 것.
[2]Clave : ① Usan el papel blanco.

쉬어가기-5

스페인어 시간 표현을 한다면...

- 조금만(기다려)   un momento
- 아침에   por la mañana
- 점심에   por la tarde
- 저녁에   por la noche
- 낮에   de día
- 밤에   de noche
- 정오에   a mediodía
- 자정에   a medianoche
- 오늘   hoy
- 어제   ayer
- 내일   mañana
- 그저께   anteayer
- 모레   pasado mañana
- 어제 아침   ayer por la mañana
- 내일 아침   mañana por la mañana
- 어제 밤   anoche
- 오늘 몇 일?   ¿Qué fecha es hoy?
- 오늘 무슨 요일?   ¿Qué día es hoy?
- 몇 시니?   ¿Qué hora es?
- 얼마나 전이니?   ¿Cuánto tiempo hace?
- 몇 시에 시작하니?   ¿A qué hora empieza?

Sexta Lección

01 Gramática básica

■ 소유 형용사

단수	복수
mi o mío(a)	mis o míos(as)
tu o tuyo(a)	tus o tuyos(as)
su o suyo(a)	sus o suyos(as)
nuestro(a)	nuestros(as)
vuestro(a)	vuestros(as)
su o suyo(a)	sus o suyos(as)

■ 소유 대명사

단수	복수
el(la) mío(a)	los(las) míos(as)
el(la) tuyo(a)	los(las) tuyos(as)
el(la) suyo(a)	los(las) suyos(as)
el(la) nuestro(a)	los(las) nuestros(as)
el(la) vuestro(a)	los(las) vuestros(as)
el(la) suyo(a)	los(las) suyos(as)

Memoria : 사용되는 형태를 보자.

① El libro tuyo no está en la mesa.

② Los amigos nuestros viven en Argentina.

③ La casa suya está lejos de la escuela.

④ Las amigas suyas son francesas.

⑤ ¿Dónde están tu libro y el mío?

⑥ Aquel libro es mío y este es suyo.

⑦ ¿Cuál es el tuyo entre estos libros?

02 Gramática aplicada al examen

※ 이 파트는 학습이 완료된 이후, 복습차원에서 보는 페이지임.

1

Mi hermana es más alta que __________ .

① la suya　　② su　　③ el suyo　　④ mía　　⑤ mío

🐝 해석: 나의 여동생은 그의 여동생보다 더 키가 크다.

2

Su amigo es más inteligente que __________ .

① la nuestra　　② los míos　　③ mis　　④ el mío　　⑤ las mías

🐝 해석: 그의 친구는 나의 친구보다 더 똑똑하다.

3

Se quitaron __________ al entrar en la casa.

① sus abrigos　② sus guantes　③ su abrigo　④ su guante　⑤ el abrigo

🐝 해석: 그들은 방에 들어갈 때, 외투를 벗었다.

🔓 정답: ⑤ 3　④ 2　① 1

Sexta Lección

26

Profesor : Aquí tenemos una cara.

Alumno : ¿Qué cara es?

Profesor : Es la cara de un hombre.

Alumno : ¿Por qué no es la cara de una mujer
(= señora)?

Profesor : Una mujer no tiene bigote, y la cara (aquí) tiene bigote.

Alumno : Profesor, ¿tiene Ud. bigote?

Profesor : No tengo bigote, yo soy un chico. Los chicos no tienen bigote.
Mi abuelo(= padre de mi padre) tiene bigote, pero su bigote es
blanco, él es viejo.

[1]cara : Parte anterior de la cabeza humana desde el principio de la frente
hasta la punta de la barbilla.

[2]bigote : Pelo que nace sobre el labio superior.

Pregunta: ① ¿Por qué no es la cara de una mujer en la foto arriba
mencionada?

27

Alumno : ¿Es Ud. viejo?

Profesor : No, señor, yo no soy viejo. Yo soy joven.

Alumno : ¿Qué es 'joven'?

Profesor : 'Joven' es también lo contrario de 'viejo'.

Alumno : ¿Cómo podemos saber la diferencia
entre 'Joven' y 'nuevo'?

Profesor : 'Nuevo' es para las cosas(= los objetos), y 'joven' es para las personas. Una cosa es nueva (y no joven), un chico es joven (y no nuevo).

Pregunta: ① ¿Qué es 'joven'?

② ¿Qué es 'nuevo'?

28

Alumno : ¿Qué es eso?

Profesor : Es un gorro(= una gorra).

Alumno : ¿Tiene Ud. un gorro?

Profesor : No, señor, tengo un sombrero.

Alumno : ¿Dónde está el sombrero de Ud.?

Profesor : Mi sombrero está aquí.

Alumno : ¿Es un sombrero viejo?

Profesor : No, es un sombrero nuevo.

Alumno :¿Tiene Carlos un sombrero también?

Profesor : No, Carlos tiene un gorro.

Alumno :¿Dónde está el gorro de Carlos?

Profesor : Está sobre la mesa en su cuarto.

Alumno :¿Qué es 'cuarto'?

Profesor : Un 'cuarto' es una parte(=división o sección) de una casa. Una casa tiene varios(= diferentes) cuartos. Estamos en un cuarto. La clase está en un cuarto de la escuela. Un cuarto tiene ventanas y puertas. Por la puerta entramos en el cuarto.

Alumno :¿Tiene Ud. muchos cuartos en su casa?

Profesor : Mi casa es una casa pequeña, y tiene solamente(= únicamente) cuatro cuartos.

Sexta Lección

[1]gorro : Pieza redonda, de tela o de punto, para cubrir y abrigar la cabeza.

[2]sombrero : Prenda de vestir, que sirve para cubrir la cabeza, y consta de copa y ala.

📧 Pregunta: ① ¿Qué es 'cuarto'?

29

Alumno : Profesor, ¿tiene una casa?

Profesor : No, señor, yo no tengo casa, pero mi padre tiene una en la principal calle de Seúl.

Alumno : ¿Qué es 'Calle'?

Profesor : Sejongro es una calle en Seúl. Una calle es el espacio entre dos hileras(= líneas) de casas. Seúl tiene muchas calles. Una ciudad tiene varias calles.

Alumno : ¿Qué es 'ciudad'?

Profesor : Una 'ciudad' es una reunión de casas y de habitantes. Seúl es una ciudad. Busan es también una ciudad. Son dos ciudades de Corea del Sur.

Alumno : ¿Está Inchón en Corea?

Profesor : Sí, señor, Inchón está en Corea del Sur como Seúl. Inchón es también una ciudad.

[1]espacio : Extensión que contiene toda la materia existente.

[2]reunión : Acción y efecto de Juntar, congregar y amontonar.

📧 Pregunta: ① Qué es 'Calle'?

② ¿Qué es 'ciudad'?

30

Alumno : ¿Dónde está Madrid?

Profesor : Madrid está en España.

Alumno : ¿Qué ciudad es Seúl?

Profesor : Es una grande y rica ciudad.

Alumno : ¿Qué es 'rica'?

Profesor : 'Rica', femenino de rico, es lo contrario de pobre.

　　　　　Un hombre(= una persona) que tiene mucho dinero es 'rico'.

　　　　　Un hombre que no tiene dinero es 'pobre'.

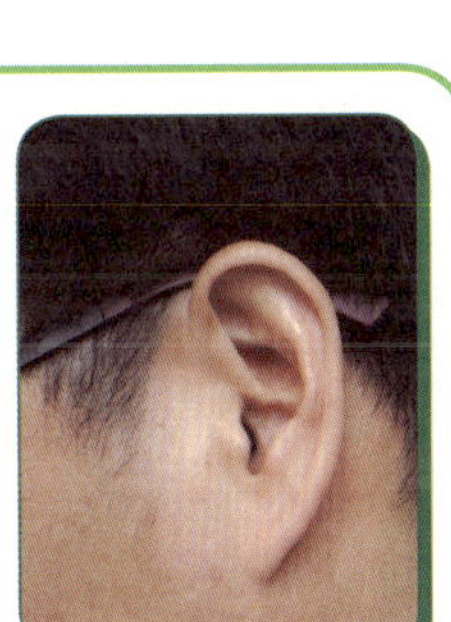

[1]pobre : Necesitado, que no tiene lo necesario para vivir.

　Pregunta:　① ¿Qué es 'rica'?

31

Profesor : Aquí está una oreja. Tenemos dos orejas. Ud.
　　　　　tiene dos orejas, y también yo tengo dos orejas.

Alumno : ¿Dónde están las orejas?

Profesor : Las orejas y los ojos están colocados
　　　　　en la cabeza.

Alumno : ¿Qué es 'cabeza'?

Profesor : La 'cabeza' es la parte superior de la persona(= estructura
　　　　　humana). La cara es parte de la cabeza.

Alumno : ¿Es la parte anterior o posterior de la cabeza?

Profesor : Es la parte anterior. La nariz y la boca son también partes
　　　　　de la cara. Tenemos dos ojos, una nariz, una boca y dos orejas.

[1]superior : Que está más alta y en lugar preeminente respecto de otra.

[2]anterior : Que precede en lugar o tiempo.

[3]posterior : Que está o queda detrás.

Sexta Lección

Pregunta: ① ¿Qué es 'cabeza'?
② ¿Es la parte anterior o posterior de la cabeza?

32

Alumno : ¿Qué forma tiene la cabeza?

Profesor : La cabeza es de forma redonda. Una bola es redonda. Un globo es redondo.

Alumno : ¿Qué es 'globo'?

Profesor : Aquí está un globo. El globo es la representación de la tierra. La 'tierra(= el mundo)' es redonda como una bola. Nuestro mundo es compuesto de tierra y agua. El agua es un líquido. La tierra es una sólida.

Alumno : ¿Cuáles son las divisiones naturales de la tierra?

Profesor : Continentes, islas, penínsulas, istmos, cabos y montañas.

Alumno : ¿Qué es 'cabo'?

Profesor : Una punta de tierra que avanza en el agua.

Alumno : ¿Qué es 'montaña'?

Profesor : Una vastaelevación de tierra, como los Alpes, los Prineos, etc.

Alumno : ¿Dónde están las montañas más elevadas?

Profesor : En Asia y América, que son dos continentes.

Alumno : ¿Cuáles son las divisiones naturales del agua?

Profesor : Océanos, mares, golfos, bahías, estrechos, lagos y ríos.

Alumno : ¿Cuáles son las divisiones políticas de la tierra?

Profesor : Los imperios, los reinos, las repúblicas, los estados, etc.

[1]redondo : De forma circular o semejante a ella.

[2]división : Efecto de partir y separar en partes.

📖 Pregunta: ① ¿Qué es 'globo'?

② ¿Qué es 'cabo'?

③ ¿Qué es 'montaña'?

④ ¿Cuáles son las divisiones naturales del agua?

⑤ ¿Cuáles son las divisiones políticas de la tierra?

Sexta Lección

Traducción y explicación

26

Profesor : 여기 우리 얼굴이 있다.

Alumno : 무슨 얼굴이죠?

Profesor : 남자의 얼굴이지.

Alumno : 왜 여자의 얼굴이 아니죠?

Profesor : 여자는 콧수염이 없는데, 여기 얼굴에는 콧수염이 있다.

Alumno : 선생님, 콧수염 있으신가요?

Profesor : 난 콧수염이 없단다. 난 젊은이란다. 젊은 사람들은 콧수염이 없지. 우리 할아버지(= 나의 아버지의 아버지)는 콧수염이 있으시지. 하지만 그의 콧수염은 흰색이고, 그분은 늙으셨다.

✎ 해설 : • Su bigote es blanco, él es viejo. 그의 콧수염은 흰색이다. 그는 늙었다.
　　　→ 위 문장에서 두 문장의 사이에 콤마(,)는 동격문장의 부연 설명을 의미함.

　　　• No tengo bigote, yo soy un chico. 난 콧수염이 없고, 난 젊은이이다.
　　　→ 문장에서 chico는 '소년'으로 번역하지 않고, '젊은이'로 번역해야 문맥에 맞게 해석된 것이다.

✎ 어휘 : la cara 얼굴 / el hombre 남자 / la mujer 여자 / el abuelo 할아버지 / viejo 늙은

[1]얼굴 : 이마의 기점으로부터 턱 끝까지 사람의 얼굴의 앞쪽 부분.

[2]콧수염 : 윗입술의 위쪽에 나는 털.

[3]Clave : ① Generalmente la mujer no tiene bigote.

27

Alumno : 선생님은 늙었나요?

Profesor : 아니 난 늙지 않았다. 난 젊은이지.

Alumno : 'Joven'이 뭐죠?

Profesor : 'Joven' 은 역시 '늙은'의 반대란다.

Alumno : 어떻게 우리는 'Joven' 와 'Nuevo'의 차이를 알 수 있죠?

Profesor : 'Nuevo' 는 물건에 사용하고, 'Joven'은 사람에 사용한단다. 사물은 새것이고('젊은'이 아니고), 아이는 젊다('새로운'이 아니다).

🖋 해설 : • ¿Cómo podemos saber la diferencia....?
　　　　… 차이를 우리가 어떻게 알 수 있습니까?
　　　　→ 'poder + 동사 원형'은 '～을 할 수 있다'의 의미임. 능력적인 부분을 이야기 할 때는 'saber + 동사원형' 또한 같은 의미로 사용됨.

🖋 어휘 : poder ～할 수 있다 / la diferencia 차이 / joven 젊은이; 젊은
　　　　nuevo 새로운 / la cosa 사물(것) / la persona 사람

[1]Clave : ① Es lo contrario de viejo y es el adjetivo y sustantivo para las personas.
　　　　② Es el adjetivo para las cosas.

28

Alumno : 그것은 뭐죠?

Profesor : 그것은 (창이 없거나 짧은) 모자란다.

Alumno : 그 모자 있으세요?

Profesor : 없단다. 난 (창이 있는) 보자를 가시고 있단다.

Alumno : 선생님의 모자는 어디에 있죠?

Profesor : 내 모자는 여기에 있단다.

Alumno : 오래된 모자인가요?

Profesor : 아니. 새 모자란다.

Alumno : 까를로스도 역시 (창이 있는) 모자를 가지고 있나요?

Profesor : 아니, 까를로스는 (창이 없거나 짧은) 모자를 가지고 있다.

Alumno : 까를로스의 모자는 어디에 있습니까?

Profesor : 그의 방에 테이블 위에 있단다.

Alumno : 'Cuarto'가 뭐죠?

Profesor : 'Cuarto' 는 집의 일부분(분할 또는 파트)이다. 집은 여러 개의 방을 가지고 있다. 우리는 방에 있다. 교실은 학교의 방에 있다. 방은 창문과 문을 가지고 있다. 문을 통해서 우리는 방으로 들어온다.

Sexta Lección

Alumno : 선생님은 집에 방이 많은가요?
Profesor : 나의 집은 작고, 단지 4개의 방만 있다.

✎ 해설 : • ¿Quées eso? 그것은 무엇인가요?
→ eso (그것, 중성)은 '질문을 할 때, 그 성격과 대상을 알지 못할 경우 사용할 수 있고, 명사를 지칭하는 것이 아니라 내용을 지칭하는 경우에 사용'될 수 있음. 이 이외에 이것(esto 중성), 저것(aquello 중성)도 사용이 가능함.
예) ¿Qué es esto? 이것은 무엇입니까?
Ella es inteligente. Por eso, ella puede resolver el problema.
그녀는 똑똑하다. 그래서, 그녀는 문제를 해결할 수 있다.
• Está sobre la mesa en su cuarto. (모자는) 그의 방 책상 위에 있다.
→ cuarto의 경우는 많은 의미를 가진 어휘 임.
① Son las dos y cuarto. 2시 15분이다.
② Este es mi cuarto libro. 이것은 나의 4번째 책이다.
③ Ella está en su cuarto. 그녀는 그녀의 방에 있다.

✎ 어휘 : el gorro (창 없는) 모자 / el sombrero (창 있는) 모자 / el cuarto 방 / a ventana 창문 / la puerta 문 / entrar (〜로) 들어가다 / pequeño 작은 / solamente 단지, 오직 / únicamente 유일한

[1]모자 : 머리를 덮고 씌우기 위한 천 또는 뜨개질한 둥근 조각.

[2](창 있는) 모자 : 머리를 씌우기 위해 그리고 컵 모양과 날개 모양으로 구성되어 있는 착용할 수 있는 의류.

[3]Clave : ① Es una parte de una casa y tiene ventana y puertas.

29 Alumno : 선생님, 집 있으시죠?
Profesor : 아니, 난 집이 없단다. 하지만, 나의 아버지는 서울의 주요거리에 집 한 채를 가지고 계셔.
Alumno : 'Calle'가 뭐죠?
Profesor : 세종로는 서울의 거리라고 할 수 있어.
거리는 집들의 두 측면 사이의 공간이지. 서울은 많은 거리를 가지고 있어.

도시는 여러 거리를 가지고 있는 것이지.

Alumno : 'Ciudad'은 뭐죠?

Profesor : 'Ciudad'은 집들과 거주지들이 모여 있는 곳이다. 서울은 도시이지. 부산 역시 도시겠지. 대한민국의 두 도시들이지.

Alumno : 대한민국에 인천이 있나요?

Profesor : 응, 인천은 서울처럼 대한민국에 있지. 인천 역시 도시란다.

해설 : ● **Mi padre tiene una en la principal calle de Seúl.**
나의 아버지는 서울의 주요 거리에 집 한 채를 가지고 계신다.
→ una 는 una casa의 생략형 대명사로 사용된 것임.

어휘 : **principal** 주요한 / **el espacio** 공간 / **la hilera** 열, 줄 / **la línea** 줄 /
varios 여러 개의 / **la ciudad** 도시 / **el habitante** 주민 / **como** ~같이, ~처럼

[1]공간 : 존재하는 모든 사물들을 포함할 수 있는 범위.

[2]모임 : 합치고, 모으고, 축척하는 행위이자 결과.

[3]**Clave** : ① **Es el espacio entre dos hileras de casas.**
① **Es una reunión de casas y de habitantes.**

30

Alumno : 마드리드는 어디에 있죠?

Profesor : 마드리드는 스페인에 있단다.

Alumno : 서울은 무슨 도시죠?

Profesor : 크고 부유한 도시지.

Alumno : 'Rica'가 뭐죠?

Profesor : Rico의 여성형인 'Rica'는 '가난한'의미의 반대란다. 돈이 많은 사람은 'Rico'라고 한단다. 돈이 없는 사람은 'Pobre'라고 하지.

해설 : ● **Un hombre que no tiene dinero es 'pobre'.**
돈을 가지고 있지 않은 사람이 '가난한(사람)'이다.
→ que 는 영어의 who또는 that의 의미로 앞에 오는 hombre를 수식한다.

어휘 : **grande** 큰 / **rico** 부유한; 맛있는 / **pobre** 가난한

Sexta Lección

¹가난한(불쌍한) : 살기위해 필요한 것을 가지지 못한 부족한 상태.

²Clave : ① Es lo contrario de pobre. Un hombre que tiene mucho dinero es 'rico'.

31

Profesor : 여기에 귀가 있단다. 우리는 두 개의 귀를 가지고 있지. 그리고 역시 나도 두 개의 귀를 가지고 있단다.

Alumno : 귀는 어디에 있죠?

Profesor : 귀와 눈은 얼굴에 위치를 하고 있단다.

Alumno : 'Cabeza'는 뭐죠?

Profesor : 'Cabeza'는 사람(= 인간 구조)의 위쪽부분에 있단다. 얼굴은 머리의 일부분이지.

Alumno : 머리의 앞쪽이요 아니면 뒤쪽이요?

Profesor : 앞쪽이지. 코와 입은 역시 얼굴부분이다. 우리는 두 개의 눈과 하나의 코, 하나의 입과 두 개의 귀를 가지고 있지.

✎ 해설 : ● Las orejas y los ojos están colocados en la cabeza.
　　　　귀와 눈은 얼굴에 위치하고 있다.
　　　　→ estar + 과거분사(~ado / ~ido)'는 완료된 상태를 의미하며, 수동의 의미를 가지기도 한다. 그리고 과거분사의 어미는 주어의 성·수에 따라 변화가 된다.
　　　　　☼ 참고 : 남성과 여성이 섞이게 될 때는 남성으로 사용하게 됨.

✐ 어휘 : la cabeza 머리 / colocado 배치가 된 / la estructura 구조 /
　　　　la parte 부분 / anterior 앞쪽의 / posterior 뒤쪽의 /
　　　　superior 위쪽의 / la nariz 코 / la boca 입

¹월등한 : 더 높이 있고, 다른 것에 관련해 뛰어난 위치에 있는 것.

²앞서는 : 장소 또는 시간에서 앞에 놓이는.

³뒤에 있는 : 뒤에 위치하거나 머물러 있는.

⁴Clave : ① Es la parte superior de la persona. La cara es parte de la cabeza.
　　　　② Es la parte anterior.

32

Alumno : 머리는 어떤 형태를 가지고 있죠?

Profesor : 머리는 둥근 모양이란다. 공은 둥글지. 지구(본)도 둥글지.

Alumno : 'Globo'가 뭐죠?

Profesor : 여기 지구(본)이 있단다. 지구본은 지구를 나타낸다. 지구(= 세계)는 공처럼 둥글다. 우리의 세계는 육지와 물로 구성되어 있다. 물은 액체이고, 육지는 고체이다.

Alumno : 육지의 자연적 분할은 무엇인가요?

Profesor : 대륙, 섬, 반도, 지협, 벼랑 그리고 산이란다.

Alumno : 'Cabo'가 뭐죠?

Profesor : 물속에서 튀어나와 있는 땅 끝이란다.

Alumno : 'Montaña'는 뭐죠?

Profesor : 알프스나 피리네 산맥 등과 같이 땅의 거대한 솟음이지.

Alumno : 가장 높이 솟은 산은 어디에 있죠?

Profesor : 아시아와 아메리카 두 대륙에 있단다.

Alumno : 물의 자연적 분할은 뭐죠?

Profesor : 대양, 바다, 만, 작은 만, 해협, 호수, 강.

Alumno : 육지의 정치적 분할은 뭐죠?

Profesor : 제국, 왕국, 공화국, 국가 등등이겠지.

🖊 해설 : • La tierra es redonda como una bola. 지구는 공처럼 둥글다.
　　　→ como 는 '~처럼'의 의미로 사용되며, 문장 맨 앞으로 갈 때는 '~때문에'로 사용되기도 함.
　　　예) Como ella estudiaba mucho, aprobó el examen.
　　　　그녀는 열심히 공부했었기 때문에 시험에 통과했다.

　　• Nuestro mundo es compuesto de tierra y agua.
　　우리의 지구는 땅과 물로 구성되어 있다.
　　　→ 'ⓐ ser compuesto de ⓑ'는 'ⓐ는 ⓑ로 구성되어 있다'의 의미임.
　　　compuesto는 주어에 따라 성·수가 결정됨.

🖊 어휘 : redondo 둥근 / el globo 지구(본) / la representación 표현 /
　　　la tierra 지구, 땅 / la bola 공 / el mundo 세계, 지구 / compuesto 구성된 /
　　　el agua 물 / el líquido 액체 / la sólida 고체 / la división 구분 /
　　　natural 자연스런 / el continente 대륙 / la isla 섬 / el istmo 지협 /

Sexta Lección

el cabo 벼랑 / la montaña 산 / la punta 끝 / avanzar 앞으로 가다 /
la vastaelevación 솟음 / elevado 올라온 / el océano 대양 / el mar 바다 /
el golfo 만(灣) / el estrecho 해협 / la bahía 만(灣) / el lago 호수 /
el río 강 / político 정치적 / el imperio 제국 / el reino 왕국 /
la república 공화국 / el estado 국가, 주(州)

[1]둥근 : 원형 모양 또는 원형과 유사한 모양의.

[2]분할 : 부분으로 나눠놓거나 분리해 놓은 결과

[3]뒤에 있는 : 뒤에 위치하거나 머물러 있는.

[4]Clave : ① Es la representación de la tierra. La tierra es redonda como una bola.
② Es una punta de tierra que avanza en el agua.
③ Es una vastaelevación de tierra, como los Alpes, los Piríneos, etc.
④ Océanos, mares, golfos, bahías, estrechos, lagos y ríos.
⑤ Los imperios, los reinos, las repúblicas, los estados, etc.

쉬어가기-6

스페인의 법정 휴일은?

- 1) Nochebuena　　　　　　　　　　　　　크리스마스 이브 (12월 24일)
- 2) Navidad　　　　　　　　　　　　　　크리스마스 (12월 25일)
- 3) Año Nuevo　　　　　　　　　　　　　신정 (1월 1일)
- 4) Epifanía / El Día de los Reyes Magos　　공현 축일 (1월6일)
- 5) San José(Día del Padre)　　　　　　　아버지의 날 (3월19일)
- 6) Miércoles de ceniza　　　　　　　　　재의 날, 사순절의 첫날

*사순절이란? 부활절 까지 주일을 제외한 40일 동안의 기간을 말하며,
2012년은 2월22일 부터 4월8일 까지를 일컬음.

- 7) Domingo de Ramos　　　　　　　　　종려주일

*사순절의 마지막 주간의 일요일을 지칭.

- 8) Jueves Santo　　　　　　　　　　　　수난주간, 성 목요일

*사순절의 마지막 주간의 목요일을 지칭.

- 9) Viernes Santo　　　　　　　　　　　수난주간, 성 금요일

*사순절의 마지막 주간의 금요일을 지칭.

- 10) Domingo de Resurrección　　　　　　부활절

*춘분이후 첫 만월 후, 첫번째 주일(매년 날짜가 달라짐)

- 11) Semana Santa　　　　　　　　　　　수난주간, 성주간
- 12) Lunes de Pascua　　　　　　　　　　부활절 다음 월요일
- 13) Día del Trabajo　　　　　　　　　　노동자의 날 (5월 1일)
- 14) Día del la Madre　　　　　　　　　어머니의 날 (5월 첫번째 일요일)
- 15) Corpus Chiristi　　　　　　　　　　성체 축일

*오순절(부활절부터 50일째 되는 날)이 지나 첫번째 주일이 '삼위일체
대축일' 이라고 함. 이 주일이 지난 주간의 '목요일' 을 지칭함.

- 16) Sangiago Apóstol　　　　　　　　　성인 야고보의 날 (7월 25일)
- 17) Asunción　　　　　　　　　　　　　성모 승천 축일 (8월 15일)
- 18) Día de la Hispanidad　　　　　　　콜럼버스 신대륙발견 일 (10월 12일)
- 19) Todos los Santos　　　　　　　　　모든 성인(聖人)의 날 (11월 1일)
- 20) Día de la Constituición　　　　　　제헌절 (12월 6일)
- 21) Inmaculada Concepción　　　　　　성모 무염 시태 (12월 8일)

Séptima Lección

01 Gramática básica

■ Vender 평서문

단수	복수
yo vendo	nosotros vendemos
tú vendes	vosotros vendéis
él vende ella tiene usted vende	ellos venden ellas venden ustedes venden

■ Vender 의문문

단수	복수
¿vendo yo ?	¿vendemos nosotros?
¿vendes tú?	¿vendéis vosotros?
¿vende él? ¿vende ella? ¿vende usted?	¿venden ellos? ¿venden ellas? ¿venden ustedes?

Ⅳ Memoria : ~er로 끝나는 동사로 연습을 해보자.

① aprender   ② comprender   ③ beber   ④ comer
⑤ correr   ⑥ leer   ⑦ creer

02 Gramática aplicada al examen

※ 이 파트는 학습이 완료된 이후, 복습차원에서 보는 페이지임.

1

No estoy seguro, pero tal vez él ________ .

① viniera ② viene ③ vendrá ④ venga ⑤ vendría

 해석: 난 확신하지 않는다. 하지만, 아마도 그는 올 것이다.

2

Hacía más de una semana que el cartero no ________ .

① vino ② viniera ③ viene ④ vendrá ⑤ venía

해석: 일주일 이상을 우체부는 오지 않았었다.

3

Sancho, ________ temprano para que no tengas que esperar mucho.

① Vengas ② ven ③ vienes ④ viniste ⑤ vendrás

해석: 산초, 네가 오래 기다리지 않으려면 일찍 오렴.

정답: 1 ④ 2 ⑤ 3 ②

Séptima Lección

33

Profesor : Aquí está una carnicería. El hombre que está parado en la puerta es un carnicero. Él vende carne.

Alumno : ¿Qué es 'vende'?

Profesor : 'Vende' es parte del verbo de la segunda conjugación. Los verbos de esta conjugación terminan en ~er. Vender significa ceder algún (= un) objeto por una compensación. 'Vender' es lo contrario de comprar. El carnicero vende la carne y nosotros compramos a él. Él vende la carne de los animales en la carnicería.

Alumno : Lo entiendo.

[1]carne : Alimento consistente en todo o parte del cuerpo de un animal de la tierra o del aire, en contraposición a la comida de pescados y mariscos.

Pregunta : ① ¿Qué es 'vender'?

34

Alumno : ¿Qué vende Ud.?

Profesor : ¿Yo no vendo nada.

Alumno : ¿Quién vende algo(= alguna cosa)?

Profesor : El comerciante(= mercader) vende algo.

Alumno : ¿Qué vende él?

Profesor : Él vende mercancías. El comerciante compra las mercancías
que vende en diferentes países.

Alumno : ¿Qué es 'países'?

Profesor : Un país es un territorio habitado por una nación(= un pueblo).

Alumno : ¿Es Seúl un país?

Profesor : No, Seúl es una ciudad. España es un país, Inglaterra es
un país; Francia, China, Japón son países.

Alumno : ¿No es México una ciudad?

Profesor : No, México no es tampoco una ciudad. La ciudad de México
es la capital del país México. ¿Comprendes tú la significación
del país ahora(= al presente)?

Alumno : Sí, yo comprendo perfectamente.

[1]mercancía : Cosa mueble que se hace objeto de trato o venta.

[2]territorio : Porción de la superficie terrestre perteneciente a una nación,
región, provincia, etc.

Pregunta: ① ¿Qué vende el comerciante?

② ¿Qué es 'país'?

35

Alumno : ¿Vende el comerciante sus mercancías en una carnicería?

Profesor : No, una carnicería es para vender carne
solamente.

Alumno : ¿Dónde vende el comerciante
las mercancías?

Profesor : Él vende las mercancías en un almacén.

Séptima Lección

Alumno : ¿Qué es un 'almacén'?

Profesor : ¿No sabes lo que es un 'almacén'?

Alumno : No, profesor, no lo sé.

Profesor : "Un almacén es una parte de una casa, generalmente la parte inferior donde están depositados los objetos que el comerciante o tendero tiene dependientes que venden para él. Un tendero es un mercader que vende al detalle(= por menor). El almacén de un tendero es una tienda. El comerciante vende por mayor; el tendero compra al comerciante.

[1]mercancía : Persona propietaria de un comercio.

[2]territorio : Relación, cuenta o lista circunstanciada.

Pregunta: ① ¿Qué es un "almacén"?

36

Alumno : ¿Qué es 'dependiente'?

Profesor : Un 'dependiente' es una persona empleada en una casa de comercio por un comerciante.

Alumno :¿Es Ud. dependiente?

Profesor : No, señor, yo soy un profesor.

Alumno : ¿Es Carlos dependiente?

Profesor : Sí, Carlos es dependiente en una casa bancaria. El comerciante que tiene una casa bancaria es un banquero.

[1]empleado : Persona que desempeña un destino o empleo.

Pregunta: ① ¿Qué es 'dependiente'?

② ¿Qué es 'banquero'?

37

Profesor : Aquí está un buque de vapor y aquí está un buque de vela. Un buque de vapor es el que tiene una máquina que opera por el vapor. El vapor es agua volatilizada por el calor.

Alumno : ¿Qué es 'calor'?

Profesor : 'Calor' es lo contrario de frío. Siberia es un territorio frío, y África es un país cálido(= caliente).
Un buque de vela no tiene máquina. El agente motor en los buques de vela es el viento.

Alumno : ¿Sabe Ud. lo que son las velas?

Profesor : Sí, señor, con el buque delante de los ojos, comprendo perfectamente. Si el buque no es de vapor, es indudablemente(= necesariamente) el viento.

Alumno : Cuando el buque de vapor tiene un problema de la máquina, ¿cómo se mueve el buque?

Profesor : Algunos buques de vapor usan también velas, en caso de accidente en la máquina. Los buques de vapor y de vela hacen viajes(= tránsitos) de un país a otro; de Corea a China, y de China a Corea. De Corea llevan(= exportan) toda clase de mercancías para los comerciantes chinos, y traen(= importan) de China granos(= cereales), carne salada y otros productos de las manufacturas del país. Los buques llevan también pasajeros.

Séptima Lección

[1]vapor : Fluido gaseoso cuya temperatura es inferior a su temperatura crítica. Su presión no aumenta al ser comprimido, sino que se transforma parcialmente en líquido.

[2]vela : Conjunto o unión de paños o piezas de lona o lienzo fuerte, que, cortados de diversos modos y cosidos, se amarran a las vergas para recibir el viento que impele la nave.

Pregunta: ① ¿Qué es 'calor'?

② Cuando el buque de vapor tiene un problema de la máquina, ¿cómo se mueve el buque?

38

Alumno : ¿De qué conjugación son los verbos comprender, hacer, traer que tenemos en esta lección?

Profesor : Son de la segunda conjugación como vender.

Alumno : ¿De qué conjugación es el verbo saber?

Profesor : De la segunda conjugación también, pues(= por la razón que) termina en ~er.

Alumno : ¿Qué significa 'saber'?

Profesor : 'Saber' es tener información de algo (= una cosa), como saber la lección, saber el inglés, saber la historia.

Alumno : Ahora comprendo.

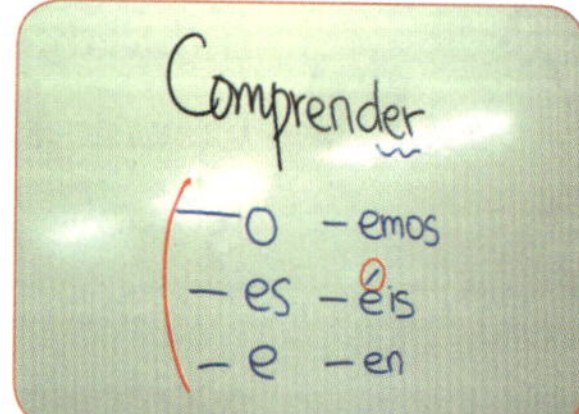

---

[1]historia : Narración y exposición de los acontecimientos pasados y dignos de memoria, sean públicos o privados.

Pregunta: ① ¿Qué significa 'saber'?

39

Profesor : ¿Dónde está Carlos?

Alumno : Yo no sabo.

Profesor : 'Yo no sabo' no es español. El verbo saber es irregular, y la primera persona del indicativo presente es 'yo sé'. Las otras personas son regulares, tú sabes, él(ella) sabe, nosotros sabemos, vosotros sabéis, ellos(ellas) saben. ¿Sabes tú ahora?

Alumno : Sí, señor, yo sé. ¿De qué verbo viene 'reciben'?

Profesor : Del verbo recibir.

Alumno : ¿De qué conjugación es el verbo recibir? ¿De la tercera conjugación?

Profesor : Sí, señor, los verbos de esta conjugación están en la lección novena.

Alumno : Muy bien.

[1]indicativo : El que enuncia como real lo expresado por el verbo.

📧 Pregunta: ① ¿Cómo se conjuga el verbo 'saber'?

② ¿De qué verbo viene 'reciben'? y ¿Cómo se conjuga?

Séptima Lección

33

Profesor : 여기에 정육점이 있단다. 문에 서 있는 남자는 정육점 주인이다. 그는 고기를 팔지.

Alumno : 'Vende'가 뭐죠?

Profesor : 'Vende'는 두 번째 변화형 동사이다. 이 변화의 동사는 어미가 ~er로 끝난다. Vender동사는 어떤 댓가로 어떤 물건을 주는 것을 의미한다. 'Vender'는 사는 것의 반대이다. 정육점 주인은 고기를 팔고, 우리는 그에게 사는 것이다. 그는 정육점에서 동물의 고기를 판다.

Alumno : 이해 되요.

해설 : ● El hombre que está parado en la puerta es un carnicero.
　　　문에 멈춰 서 있는 사람은 정육점 주인이다.
　　　→ que는 영어의 that 또는 who를 나타내며 앞의 el hombre를 의미한다. 'está parado'는 '멈춰있는'의 상태를 의미하는데, 의미상으로 'está de pie 서 있다'는 의미를 가지고 있다.

어휘 : la carnicería 정육점 / parado 멈춘 / el carnicero 정육점 주인 / vender 팔다 / la carne 고기 / terminar 끝나다 / ceder 양도하다 / la compensación 보상 / comprar 구매하다 / entender 이해하다

[1]고기 : 생선과 조개류의 음식과 상반되게, 육지나 대기 중의 동물의 몸의 전체 또는 일부로 구성된 음식물.

[2]Clave : ① Es ceder algún objeto por una compensación.

34

Alumno : 선생님은 뭘 파시죠?

Profesor : 난 아무것도 팔지 않는단다.

Alumno : 누가 뭔가를 팔죠?

Profesor : 상인이 뭔가를 팔겠지.

Alumno : 그는 뭘 팔죠?

Profesor : 그는 상품을 팔지. 상인은 다른 나라에서 팔 물건을 산단다.

Alumno : 'Países'가 뭐죠?

Profesor : 'País'의 복수형이란다..

Alumno : 그럼, 'País'는 뭐죠?

Profesor : 'País'는 한 나라에 의해 거주하게 되는 영토이다.

Alumno : 서울은 국가인가요?

Profesor : 아니, 서울은 도시란다. 스페인은 국가이고, 영국은 국가이지. 프랑스, 중국, 일본은 국가들이야.

Alumno : 멕시코는 도시가 아니죠?

Profesor : 응, 멕시코는 또한 도시가 아니지, 멕시코 시티는 멕시코 국가의 수도란다. 지금 국가의 의미를 이해하니?

Alumno : 네, 완벽하게 이해합니다.

🖋 해설 : • El comerciante compra las mercancias que vende en diferentes países.
상인은 다른 나라에서 팔 물건(들)을 구매한다.
→ 위에서 que는 영어의 that 또는 which를 의미하는 것으로 바로 앞의 las mercancias를 의미한다.

🖋 어휘 : nada 아무것도 아닌 것(nothing) / algo 무엇(somthing) / el comerciante 상인 / el país 국가 / el plural 복수 / habitado 거주하는 / la nación 국가 / el pueblo 국민; 마을 / la capital 수도 / comprender 이해하다 / ahora 지금 / perfectamente 완벽하게

[1]상품 : 취급하거나 또는 판매할 만들어진 물건이 움직여지는 것.

[2]영토 : 국가, 지역, 주(州) 등등에 속하는 지구 표면의 부분.

[3]Clave : ① Vende mercancías. El comerciante compra las mercancías que vende en diferentes países.
② Es un territorio habitado por una nación.

Séptima Lección

35

Alumno : 상인이 정육점에서 그의 상품을 파나요?

Profesor : 아니, 정육점은 단지 고기만을 팔기 위한 곳이란다.

Alumno : 어디에서 상인이 상품들을 팔죠?

Profesor : 그는 창고(매장)에서 물건들을 판단다.

Alumno : 'Almacén'이 뭐죠?

Profesor : 너는 'Almacén'이라는 것을 알지 못하니?

Alumno : 네, 선생님. 모르겠습니다.

Profesor : 'Almacén'은 일반적으로 상인이나 매장 주인들이 자신들을 위해 판매하는 점원을 두고, 물건들을 저장해 두는 곳으로 일반적으로 안쪽, 집의 일부분을 말한다. 매장의 창고는 가게이다. 상인은 도매로 판매를 하고, 점주는 상인에게 (물건을) 산다.

✎ 해설 : • 'Un tendero es un mercader que vende al detalle(= por menor). 매장 주인은 소매로 판매하는 상인이다.
→ al detalle는 '세세하게'라는 뜻이지만, 여기에서는 '소매로'라는 의미로 'por menor'로 대체할 수 있다. 도매는 por mayor임.

✎ 어휘 : el almacén 창고 / saber 알다 / generalmente 일반적으로 / inferior 안쪽의 / depositado 놓여진 / el tendero

[1]상인 : 상업의 주체적 사람.

[2]상세(세목) : 상황의 관계, 이야기 또는 항목.

[3]Clave : ① Es una parte de una casa, generalmente la parte inferior donde están depositados los objetos que el comerciante tiene dependientes que venden para él.

36

Alumno : 'Dependiente'가 뭐죠?

Profesor : 점원은 상인에 의해, 상점에서 채용된 사람이다.

Alumno : 선생님도 점원인가요?

Profesor : 아니, 난 선생님이란다.

Alumno : 까를로스는 점원인가요?

Profesor : 응, 까를로스는 은행의 점원(= 행원)이란다. 은행을 소유한 상인은 은행가이지.

✎ 해설 : • Un dependiente es una persona empleada en una casa de comercio por un comerciante.
점원은 상인에 의해 상점에서 채용된 사람이다.
→ 'una casa de comercio'에서 casa는 단순히 '집'의 의미가 아니라, '건물' 또는 '상점'의 의미를 나타내는 것임.

✎ 어휘 : empleado 채용된 / comercio 상업 / bancario 은행의 / el banquero 은행원

[1]직원 : 직장, 즉 근무처에서 임무를 수행하는 사람.

[3]Clave : ① Es una persona empleada en una casa de comercio por un comerciante.

② Es el comerciante que tiene una casa bancaria.

37

Profesor : 여기 증기선과 범선이 있다. 증기선은 증기에 의해 작동하는 기계를 가지고 있다. 증기는 열에 의해 기화되는 물이다.

Alumno : 'Calor'가 뭐죠?

Profesor : 'Calor'는 차가움의 반대란다. 시베리아는 추운 지역이고, 그리고 아프리카는 더운 나라이다. 범선은 기계를 가지고 있지 않다. 범선의 엔진은 바람이다.

Alumno : 선생님은 범선이라는 것을 아시나요?

Profesor : 응, 눈 앞의 배를 가지고 난 정확하게 이해하고 있단다. 만약 배가 증기가 없다면, 의심할 바 없이 바람이겠지.

Alumno : 증기선이 기계에 문제가 있을 때, 어떻게 움직이나요?

Profesor : 기계에 문제가 있을 경우, 어떤 증기선은 또한 돛을 역시 사용한다. 증기선과 범선은 한 국가에서 다른 국가로, (즉) 한국에서 중국으로 그리고 중국에서 한국으로 항해를 한다. 한국으로부터 모든 종류의 물건을 중국 상인들을 위해 운반한다. 중국의 곡식, 절인 고기 그리고 다른 제품들을 가져온다. 배는 역시 승객들도 운반한다.

Séptima Lección

✏ 해설 : • Si el buque no es de vapor, es indudablemente el viento.
만약 배가 증기(동력)가 없다면, 의심할 바 없이 바람이 (엔진이) 된다.
→ ① 일반적으로 'si 가정법 현재'는 주절이 미래의미를 가지는 동사를 사용해
야 하지만, 당연한 사실을 이야기 할 때는 현재를 사용한다.
예) Si ella es muy inteligente, aprobará el examen.
그녀가 매우 똑똑하다면, 시험에 통과할 것이다.
→ ② 주절의 주어는 el agente motor (엔진)로 봐야 함.

• Algunos buques de vapor usan también velas, en caso de accidente en
la máquina. 기계의 사고가 있는 경우에, 어떤 증기선들은 또한 돛을 사용한다.
→ 'en caso de + 명사' 는 '~하는 경우에'라는 의미로 가정(조건)을 나타내는
어구이다.

✏ 어휘 : el buque 배 / el vapor 수증기 / la vela 돛 / la máquina 기계 / volatilizar
기화시키다 / el calor 열 / el frío 추위 / cálido 더운 / el agente motor 엔진 /
el viento 바람 / delante de ~의 앞에 / el viaje 여행, 이동 / el tránsito 이동 /
llevar 가져가다 / exportar 수출하다 / traer 가져오다 / importar 수입하다 /
el producto 제품 / la manufactura 제조 / el pasajero 보행자 /
el grano 곡식(알갱이) / salado 짠

[1] 수증기 : 가스의 유동물로써 그 온도는 임계온도보다 더 낮다. 그 압력은 압착되는 형태
일 때, 증가되지 않고, 부분적으로 액화 상태로 변하게 된다.

[2] 돛 : 배를 추진하는 바람을 받아주기 위해 돛대에 묶여 있는 여러 방식으로 잘려져 있고
연결되어 있는 강한 천막 또는 삼베 재질의 조각들이나 천들의 연결 또는 결합.

[3] Clave : ① Es lo contrario de frío. Siberia es un territorio frío.
② Usan velas.

38

Alumno : 이번 과에서 동사 comprender, hacer, traer 들은 어떤 변화에 속하나요?
Profesor : vender와 같이 두 번째 변화에 속한다.
Alumno : saber동사는 어떤 변화에 속하나요?
Profesor : 역시 두 번째 변화에 속한다. 왜냐하면, ~er로 끝나기 때문이다.
Alumno : 'Saber'는 무엇을 의미하나요?
Profesor : 'Saber'는 학과, 영어, 역사를 아는 것처럼 무엇에 관한 정보를 가지는 것이다.
Alumno : 지금 이해됩니다.

🖊 해설 : • 'Saber' es tener información de algo.
　　　　　'알다(Saber)'는 무엇인가에 관해 정보를 가지는 것이다.
　　　　　→ 'saber'외에 한국어로 번역할 때, '알다'라는 어휘는 'conocer'가 있는데, 이
　　　　　　 어휘의 경우는 직접 만나거나, 방문해서 알게되는 경우에 사용하는 것임.

🖊 어휘 : la lección 학과 / la razón 이유 / la información 정보 / la historia 역사

[1]역사 : 공적이든 사적이든 기억할만한 가치가 있는 과거의 사건(일들)의 서사와 해설.

[2]Clave : ① Es tener información de algo.

39

Profesor : 어디에 까를로스가 있죠.

Alumno : Yo no sabo.

Profesor : 'Yo no sabo'는 스페인어가 아니다. 동사 saber는 불규칙이다. 현재 직설법
　　　　　1인칭 단수가 'yo sé'이다. 다른 인칭은 규칙이다. tú sabes, él(ella) sabe,
　　　　　nosotros sabemos, vosotros sabéis, ellos(ellas) saben. 넌 이제 알겠지.

Alumno : 네 알겠습니다.
　　　　　'Reciben'은 어떤 동사에서 온거죠?

Profesor : 'Recibir'로 부터지.

Alumno : recibir동사는 무슨 변화지요? 세 번째 변화인가요?

Profesor : 응, 이 변화의 동사들은 9과에 있단다.

Alumno : 잘 알겠습니다.

🖊 해설 : • Yo no sabo.
　　　　　나는 알지 못한다(의 잘못된 형태)
　　　　　→ saber 동사의 현재형 변화는 Yo sé, Tú sabes, Él sabe, Nosotros
　　　　　　 sabemos Vosotros sabéis, Ellos saben.

🖊 어휘 : Dónde 어디(Where) / el verbo 동사 / irregular 불규칙의 /
　　　　　la persona 인칭 / el indicativo 직설법 / el presente 현재(형) /
　　　　　regular 규칙의 / recibir 받다 / noveno 9번째

[1]역설법 : 동사를 통해 실제 표현된 것처럼 언급하는 것.

[2]Clave : ① yo sé, tú sabes, él sabe, nosotros sabemos, vosotros sabéis, ellos saben.
　　　　　② el verbo 'recibir. yo recibo, tú recibes, él recibe, nosotros
　　　　　　 recibimos, vosotros recibís, ellos reciben.

Octava Lección

01 Gramática básica

■ 지시 형용사

종류	남성	여성
이것(단수)	este	esta
이것들(복수)	estos	estas
그것(단수)	ese	esa
그것들(복수)	esos	esas
저것(단수)	aquel	aquella
저것들(복수)	aquellos	aquellas

■ 지시 대명사

종류	남성	여성	중성
이것(단수)	este	esta	esto
이것들(복수)	estos	estas	x
그것(단수)	ese	esa	eso
그것들(복수)	esos	esas	x
저것(단수)	aquel	aquella	aquello
저것들(복수)	aquellos	aquellas	x

✿ 2010년 11월 28일 멕시코 과달라하라(Guadalajara)에서 개최된 스페인어학회의 총회에서 스페인어 철자법의 새로운 개정에서 '지시대명사'부분이 위 표와 같이 변경되었음.

◤ **Memoria** : 사용되는 형태를 보자.

① Este libro y aquel son míos.

② Esta calle es estrecha pero aquella esancha.

③ ¿Qué es aquello?

④ Esos profesores y esas alumnas son de misma escuela.

⑤ No me gustan estos zapatos; me gustan aquellos.

⑥ Eso es verdad.

⑦ Aquello se parece un animal.

02 Gramática aplicada al examen

※ 이 파트는 학습이 완료된 이후, 복습차원에서 보는 페이지임.

1

Mira el mapa; aquí está _________ capital que buscabas.

① esa　　　② ese　　　③ esto　　　④ eso　　　⑤ aquel

 해석: 지도 봐라; 여기 네가 찾았었던 그 수도(首都)가 있다.

2

A: ¿Ves _________ en el horizonte?

　Es un barco.

① aquel　　　② aquello　　　③ ese　　　④ este　　　⑤ esta

해석: 수평선에 있는 저 것 보이지?
　　　배(船)구나.

3

¿Qué es _________ ? Parece que es un oso.

① ese　　　② esa　　　③ eso　　　④ este　　　⑤ aquel

해석: 그것은 뭐죠? 곰 같은데.

정답: 1 ① 2 ② 3 ③

Octava Lección

40

Profesor : Este pobre hombre es ciego.

Alumno : ¿Es él viejo o joven?

Profesor : Él es viejo, muy viejo.

Alumno : ¿No tiene él ojos?

Profesor : Sí, tiene ojos, pero él no ve.

Alumno : ¿Por qué no?

Profesor : Él es ciego. Para los ciegos, el día es obscuro como la noche. (Ellos) no ven ni el cielo, ni los árboles, ni las caras de las personas, ni las flores de los jardines.

[1] jardín : Terreno donde se cultivan plantas con fines ornamentales.

 Pregunta : ① ¿Qué es 'ciego'?

41

Profesor : En esta lección tenemos muchas palabras nuevas, como 'día', 'noche', etc. Para hablar usamos palabras. Las otras palabras nuevas son 'obscuro', 'cielo', 'árboles', 'flores', 'jardines'. ¿Comprendes tú estas palabras?

Alumno : No todas.

Profesor : El día es un espacio de veinticuatro horas. 'Día' es también el tiempo que la claridad del sol dura sobre el horizonte. 'Noche' es lo contrario de día; es el tiempo en que el sol está debajo del horizonte. La noche es obscura, y el día es claro, porque

durante el día tenemos el sol que alumbra(= ilumina)
la tierra. El sol es el agente más útil de la naturaleza, porque
es el principio y la fuente de la luz y del calor, estas dos
condiciones indispensables
(= esenciales) de la vida(= existencia)
sobre la tierra. Las plantas, los animales
y el hombre necesitan(= requieren) luz
y calor para vivir(= existir).

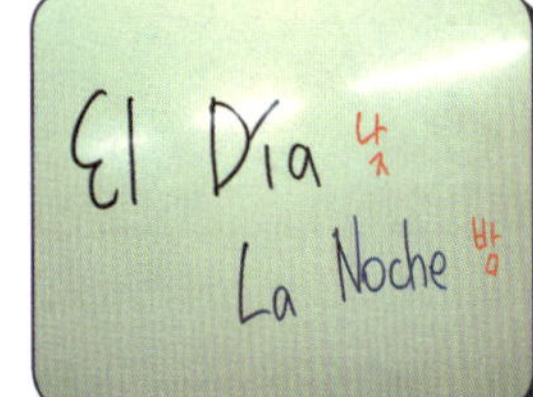

Alumno : Oh, ya lo entiendo muy bien.

[1]horizonte : Límite visual de la superficie terrestre, donde parecen juntarse el
cielo y la tierra.

Pregunta : ① ¿Qué significa 'día'?

② ¿Qué significa 'noche'?

42

Profesor : Durante la noche, no vemos el sol, pero
vemos la luna y las estrellas.

Alumno : ¿Por qué no vemos el sol por la noche?

Profesor : Si el sol está por la noche, no vemos ni la
luna ni las estrellas por la luz muy clara.

Alumno : La luna es la estrella, ¿no?

Profesor : Sí, señor. La luna es el cuerpo celeste(= astro) más cercano
(= próximo) de la tierra, y alumbra por (= durante) la noche.
Las 'estrellas' son, como el sol y la luna, cuerpos celestes y
luminosos. La luna y las estrellas no son suficientes para
alumbrar durante la noche, y necesitamos luz artificial para ver.

Octava Lección

[1]alumbrar : Llenar de luz y claridad.

[2]artificial : Hecho por mano o arte del hombre.

 Pregunta: ① ¿Qué es la 'luna'?

② ¿Por qué no vemos el so durante la noche?

43

Alumno : ¿Qué es esto?

Profesor : Aquí tienes tú una luz artificial. Es una bujía o vela de esperma o de otra substancia, en tu candelero. El gas, que es un fluido invisible y elástico como el aire, y la luz eléctrica, son también luces artificiales.

Alumno : Aquí está un árbol. ¿Qué tiene el árbol?

Profesor : Un árbol tiene un tronco y varias ramas.

Alumno : ¿Dónde está el árbol?

Profesor : Este árbol está en un bosque. Un 'bosque' es un sitio poblado de árboles silvestres, generalmente de diferentes especies. Tenemos también árboles en los jardines, pero un jardín es generalmente para cultivar flores.

[1]fluido : Se dice de las sustancias en estado líquido o gaseoso.

[2]silvestre : Criado naturalmente y sin cultivo en selvas o campos.

Pregunta: ① ¿Qué significa 'la luz artificial'?

② ¿Qué es 'bosque'?

44

Profesor : Aquí está un coche de dos caballos. Cuatro personas están en el coche; tres señoras y un caballero. El cochero dirije los caballeros.

Alumno : ¿Qué es 'cochero y caballero'?

Profesor : 'Caballero' es un coche antiguo con caballos. Y 'cochero' es un conductor del 'caballero'. Él está sentado delante, y tiene un asiento más alto(= elevado) que las personas en el coche(= carruaje). Uno de los caballos es blanco, y el otro es negro.

Alumno : ¿Tienen todos los carruajes dos caballos?

Profesor : No, señor, mientras que muchos carruajes tienen dos caballos, muchos carruajes tienen solo un caballo. Los coches de los ricos tienen generalmente dos caballos, y también cuatro caballos.

Alumno : ¿Qué otro animal ve Ud. en esta foto?

Profesor : Veo un perro que corre al lado de(= junto a) los caballos. Este coche es muy elegante, y los caballos son muy hermosos.

[1]carruaje : Vehículo formado por una armazón de madera o hierro, montada sobre ruedas.

Pregunta : ① ¿Qué es "cochero"?

② ¿Qué es "caballero"?

Octava Lección

Alumno : ¿Tiene Ud. un coche?

Profesor : No, señor, yo no tengo coche, pero tengo un caballo. Aquí está mi caballo.

Alumno : ¿Sabe Ud. montar a caballo?

Profesor : Sí, señor, yo monto bien a caballo.

Alumno : ¿De qué color es su caballo?

Profesor : Mi caballo es negro.

Alumno : ¿Dónde monta Ud. a caballo?

Profesor : En el parque, cuando el tiempo está favorable.

Alumno : ¿Qué significa 'tiempo'?

Profesor : 'Tiempo' tiene varias significaciones en español. Aquí, tiempo significa temperatura, y es muy agradable montar a caballo.

[1]temperatura : Magnitud física que expresa el grado o nivel de calor de los cuerpos o del ambiente.

Pregunta: ①¿Dónde monta el profesor a caballo?

② ¿Qué significa 'tiempo'?

46

Profesor : Si dos muchachos o dos muchachas tienen el mismo padre y la misma madre, son hermanos o hermanas.

Alumno : ¿Qué es 'tío'?

Profesor : El hermano de nuestro padre o de nuestra madre es nuestro 'tío'. Nuestra tía es la hermana de nuestro padre o de nuestra madre.

Alumno : ¿Qué es 'primo'?

Profesor : Los hijos del hermano o de la hermana de nuestro padre o
madre, son nuestros 'primos'.

Alumno : Ah, Fernando es hijo de mi tío, y así(= de este modo) él es mi
primo. Elena es hermana de Fernando, y así ella es mi prima.

Profesor : Correcto. Los hijos de tu hermano o de
tu hermana son tus sobrinos o sobrinas.

Alumno : El padre de mi padre o de mi madre es
mi abuelo, y la madre de mi padre o de
mi madre es mi abuela. ¿Es correcto?

Profesor : Sí, muy bien.

Pregunta: ① ¿Qué es 'tío'?

② ¿Qué es 'primo'?

③ ¿Qué es 'sobrino'?

Octava Lección

40

Profesor : 이 불쌍한 사람은 장님이란다.

Alumno : 그는 늙었나요? 아니면 젊은가요?

Profesor : 그는 나이가 들었네. 아주 나이가 들었어.

Alumno : 그는 눈이 없나요?

Profesor : 아니 눈은 있단다. 하지만 보지 못해.

Alumno : 왜 못보죠?

Profesor : 그는 장님이잖니. 장님들에게 있어서, 낮은 밤처럼 어둡단다. 그들은 하늘도, 나무도, 사람의 얼굴도 정원의 꽃들도 보지 못한단다.

해설 : • Ellos no ven ni el cielo, ni los árboles, ni las caras de las personas, ni las flores de los jardines.

그들은 하늘도, 나무도, 사람의 얼굴도 그리고 정원의 꽃들도 볼 수 없다.

→ ni 는 'no + y' 의미로 부정의 연결을 의미한다. 이 문장 구조의 형태는 영어의 neither ~ nor의 구조와 동일하다.

• 형용사 위치

① 일반적 형태 : 명사 + 형용사

　예) el hombre pobre 가난한 남자 / la chica bonita 예쁜 여자 아이

② 강조형태(의미의 변화) : 형용사 + 명사

　예) el pobre hombre 불쌍한 남자 / la nueva casa (이사한) 새집

→ 대부분의 형용사는 명사의 앞, 뒤의 위치와 상관없이 의미가 비슷하지만, pobre, nuevo, grande와 같은 동사는 의미가 확연하게 차이가 남. 형용사가 명사 앞에 위치할 경우는 강조의 의미이자, 주관적 의미가 강하고, 뒤에 있을 경우는 일반적이고 객관적 의미가 강함.

어휘 : el hombre 남자 / pobre 가난한, 불쌍한 / el ciego 장님 / ver 보다 / Por qué 왜(Why) / obscuro 어두운 / la noche 밤, 저녁 / el cielo 하늘 / el árbol 나무 / la cara 얼굴 / la flor 꽃 / el jardín 정원

[1]정원 : 장식을 목적으로 식물을 재배하는 토지.

[2]Clave : ① No ve ni el cielo, ni los árboles, ni las caras de las personas.

41 Profesor : 이 과에서는 우리가 '낮', '밤'과 같은 새로운 단어들이 있단다. 말을 하기 위해서 단어들을 사용하는 것이지. 다른 새로운 어휘들은 '어두운', '하늘', '나무', '꽃', '정원'이다. 넌 이 어휘들을 이해하니?

Alumno : 모두는 안 됩니다.

Profesor : 하루는 24시간의 공간이란다. '낮'은 또한 수평선 위에서 해의 밝음이 지속되는 시간이란다. '밤'은 낮의 반대입니다. (밤은) 수평선 아래에 해가 있는 시간이기도 하다. 밤은 어둡고, 낮은 밝다. 왜냐하면 낮 동안은 우리가 지구를 비추는 해가 있는 것이다. 해는 자연에서 가장 유용한 대리인이지. 왜냐하면 지구 위에 삶의 필수 불가결한 두 가지 조건인 빛과 열의 원천이자 힘이기 때문이지. 식물, 동물 그리고 사람은 살기 위해 빛과 열이 필요하단다.

Alumno : 오, 이제 아주 잘 이해 되요.

해설 : ● El sol es el agente más útil de la naturaleza.
해는 자연 중에 가장 유용한 대리인이다.
→ '정관사 + más + (명사) de 장소/무리(집단)' 는 최상급의 구조임.
예) Él es el más inteligente (estudiante) de la clase.
그는 반에서 가장 똑똑하다.

어휘 : la palabra 어휘 / el día 하루 / comprender 이해하다 / todo 모두 / el espacio 공간 / la hora 시간 / la claridad 밝음 / durar 지속하다 / el horizonte 수평선 / durante ~동안 / alumbrar 비추다 / la tierra 땅, 지면 / el agente 대리인 / la naturaleza 자연 / el principio 원인 / la fuente 원천 / la luz 빛 / el calor 열 / la condición 조건 / indispensable 필수적 / la vida 삶 / la planta 식물 / necesitar 필요하다 / existir 존재하다 / ya 이제

[1]수평선 : 하늘과 땅이 합쳐지는 것처럼 보이는 땅 표면의 시각적 끝(한계선).

[2]Clave : ① Es el tiempo en que la claridad del sol dura sobre el horizonte.

② Es el tiempo en que el sol está debajo del horizonte.

42 Profesor : 밤시간동안, 우리는 해를 보지 못한단다. 하지만 달과 별은 볼 수 있지.

Alumno : 왜 밤에는 해를 못 보죠?

Profesor : 만약 해가 밤에 있다면, 우리는 너무 밝은 빛 때문에 달도, 별도 볼 수 없단다.

Alumno : 달이 별인가요. 아닌가요?

Octava Lección

Profesor : 그렇지. 달은 지구에서 가장 가까운 천체이지. 그리고 밤에 빛을 비춰주지. 별은 해나 달처럼 천체이자 빛을 발하는 성체란다. 달과 별은 밤 동안 빛을 비추기에 충분하지는 않단다. 그리고 우리는 보기위해 인공적인 빛이 필요하지.

🖊 해설 : • Si el sol está por la noche, no vemos ni la luna ni las estrellas.
만약 밤에 태양이 있다면, 우리는 달도 별도 볼 수 없다.
→ 가정법 현재의 주절은 미래 또는 미래를 의미하는 동사를 사용해야함.
하지만, 정의, 진리, 변하지 않는 사실에 대해서는 현재를 사용함.
예) Si ella viene temprano, verá al profesor.
만약 그녀가 일찍 온다면, 선생님을 볼 수 있을 텐데.
• ① Si el sol está por la noche....
② no vemos ni la luna ni las estrellas por la luz muy clara.
→ ①문장에서 나오는 por는 '∼동안'을 의미하며, ②문장에서 나오는 por는
'∼때문에'를 의미함.

🖊 어휘 : la luna 달 / la estrella 별 / claro 밝은 / el cuerpo celeste 천체 /
cercano 가까운 / luminoso 빛이 나는 / suficiente 충분한 / artificial 인공의

[1]비추다(밝히다) : 빛과 밝음으로 가득 차다.

[2]인공의 : 손이나 사람의 기술에 의해서 만들어진.

[3]Clave : ① Es el cuerpo celeste más cercano de la tierra, y alumbra por la noche.

② Si el sol está por la noche, no vemos ni la luna ni las estrellas por
la luz muy clara.

43

Alumno : 이건 뭐죠?

Profesor : 여기 너는 인공적 빛을 가지고 있단다. 전구가 아니면 촛대에 있는 경뇌유나 다른 물질의 등(불)이지. 공기처럼 보이지 않으며 유동적이고 탄력이 있는 가스와 전기불은 또한 인공 불빛이란다.

Alumno : 여기 나무가 있어요. 나무는 무엇을 가지고 있죠?

Profesor : 나무는 줄기와 가지가 있지.

Alumno : 나무는 어디에 있죠?

Profesor : 이 나무는 숲에 있단다. '숲'은 일반적으로 여러 종들의 야생 나무들의 서식 지역이란다. 또한 정원에도 나무가 있지. 하지만 일반적으로 정원은 꽃을 키우는 용도겠지.

 해설 : • El gas, que es un fluido invisible y elástico como el aire, y la luz eléctrica, son también luces artificiales.
공기처럼 보이지 않으며 유동적이고 탄력이 있는 (유체인) 가스와 전기불은 또한 인공 불빛(들)이다.
→ 이 문장의 주어는 El gas와 la luz이다.

어휘 : la bujía 등불 / la vela 양초 / la esperma 경뇌유 / la substancia 물질 / el candelero 촛대 / el gas 가스 / el fluido 유체 / invisible 보이지 않는 / elástico 유연한 / el aire 공기 / eléctrico 전기(의) / el tronco 나무줄기 / la rama 나무 줄기 / el bosque 숲 / el sitio 장소 / poblado 풍성한 / silvistre 야생의 / generalmente 일반적으로 / cultivar 경작하다

[1]유동물 : 액체 또는 기체 상태로 있는 물질에 관해 언급하는 것.

[2]야생의 : 셀바(밀림) 또는 들판에서 재배되지 않고 자연적으로 성장한.

[3]Clave : ① Es una bujía o vela de esperma o de otra substancia, en caledero.

② Es un sitio poblado de árboles silvestres, generalmente de diferentes especies.

44

Profesor : 여기 두 말의 (마)차가 있단다. 4명의 사람이 차에 있지. 3명은 부인들이고 한명은 신사분이겠지. 마부는 마차들을 몰지.

Alumno : 'Cochero' 와 'Caballero'는 뭐죠?

Profesor : 'Caballero'는 말을 가진 오래된 (마)차란다. 그리고 'Cochero'는 마차를 모는 운전사라고 할 수 있지. 그는 앞쪽에 앉는단다. 그리고 마차에서 가장 높은 자리를 차지하지. 말 중에 한 마리는 흰말이, 다른 말은 검정말이란다.

Alumno : 모든 마차들은 두 마리의 말을 가지고 있나요?

Profesor : 아니, 많은 마차들이 2마리의 말을 가지고 있지만, 반면에 많은 마차들은 한 마리의 말을 가지고 있기도 하지. 부자들의 (마)차들은 일반적으로 2마리, 그리고 4마리를 가지고 있는 경우도 있단다.

Octava Lección

Alumno : 이 사진 속에 다른 무슨 동물을 볼 수 있죠?

Profesor : 말 옆에서 달리는 개를 볼 수 있지. 이 (마)차는 매우 우아하고, 말들은 매우 아름답구나.

✎ 해설 : • Él está sentado delante.

그는 앞쪽에 앉았다.

→ estar sentado는 '앉아 있는 상태'를 언급하는 말로, sentarse의 '앉다'의 뜻과 비교했을 때, 정지상태의 것을 의미한다. 이 문장에서 부사 delante와 adelante의 차이가 앞의 것은 정지 상태를 의미하는 '앞에'이며, 뒤의 것은 동적 상태로 '앞으로'라는 의미가 있다.

• (Él) tiene un asiento más alto que las personas en el coche.

그는 마차에 있는 사람들보다 더 높이 있는 좌석을 차지하고 있다.

→ 비교급 'más ~ que... (...보다 더~한)'의 형태인데, 형용사 다음에 명사가 오는 영어와는 다르게 형용사가 명사 뒤에서 수식을 할 수 있음으로, 위의 문장은 위치에 대한 유연성을 가지고 있음.

예) Él tiene más alto asiento que las personas en el coche.

✎ 어휘 : el caballo 말 / el coche 마차, 자동차 / el caballero 신사 / la señora 부인 / antiguo 오래된 / el conductor 운전자, 마부 / sentado 앉아 있는 / alto 높은 / el asiento 좌석 / blanco 흰 / negro 검정 / el carruaje 마차 / mientras ~동안, 반면에 / solo 단지; 홀로 / la foto 사진 / al lado de ~의 옆에 / elegante 우아한 / hermoso 아름다운

[1]마차(수레) : 바퀴 위에 나무 또는 쇠의 재질로 골격을 갖춘 것에 의해 만들어진 이동수단.

[2]Clave : ① Es un conductor del caballo.

② Es un coche antiguo con caballos.

45

Alumno : 선생님은 (마)차가 있으세요.

Profesor : 아니 난 마차는 없단다. 하지만 말은 한 마리 있지. 여기 내 말이란다.

Alumno : 말을 탈 줄 아세요?

Profesor : 응, 난 말을 잘 탄단다.

Alumno : 말은 무슨 색이죠?

Profesor : 내 말은 검정색이지.

Profesor : 공원에서, 날씨가 좋을 때.

Alumno : 'Tiempo'는 무슨 뜻이죠?

Profesor : 'Tiempo'는 스페인어로 여러 의미를 가지고 있지. 여기 'Tiempo'는 날씨를 의미한단다. 그리고, 말을 타는 것은 매우 기분 좋은 일이지.

해설 : ● **En el parque, cuando el tiempo está favorable.**
공원에서, 날씨가 좋을 때.
→ **el tiempo**의 경우는 날씨와 시간의 의미로 사용됨.
예) **¿Tienes tiempo libre?**
한가한 시간이 있니?

어휘 : **el caballo** 말 / **el coche** 마차, 자동차 / **montar** 올라타다, 오르다 / **azul** 파랑 / **amarillo** 갈색 / **rojo** 빨강

[1]온도 : 환경 또는 신체의 뜨거운 수준 또는 정도를 표현하기 위한 물리적 크기(사이즈).

[2]Clave : ① **En el parque.**

② **Tiempo significa temperatura y época durante la cual vive alguna persona.**

46

Profesor : 응, 두 명의 남자아이 또는 두명의 여자아이는 같은 아버지와 어머니라면, 그들은 형제 또는 자매겠지.

Alumno : 'Tío'는 뭐죠?

Profesor : 우리 아버지 또는 어머니의 형제는 우리의 '삼촌'이겠지. 우리의 숙모는 우리 아버지 또는 어머니의 여자 형제겠지.

Alumno : 'Primo'은 뭐죠?

Profesor : 우리 아버지 또는 어머니의 남자 또는 여자 형제의 자녀들은 우리의 '사촌'이 겠지.

Alumno : 아, 페르난도는 나의 삼촌의 아들이에요. 그럼 그는 나의 사촌이네요. 엘레나는 페르난도의 여동생이니, 그녀는 나의 사촌이겠네요.

Profesor : 정확하네. 네 형제나 자매의 자녀들은 너의 남자 또는 여자 조카가 되는 거지.

Octava Lección

Alumno : 제 아버지나 어머니의 아버지는 제 할아버지이시고, 제 아버지 또는 어머니
의 어머니는 제 할머니시죠. 맞죠?

Profesor : 응, 아주 좋아.

🖋 해설 : • Si dos muchachos o dos muchachas tienen el mismo padre y la
misma padre, son hermanos o hermanoa.
만약 두 명의 남자아이들 또는 두 명의 여자아이들이 같은 아버지와 어머니가
있다면, 형제 또는 자매가 된다.
→ 가정법 현재의 주절은 미래 또는 미래 상당어구가 되어야 하지만, 사실이나
변하지 않는 결과의 경우는 현재를 사용할 수 있음.

⚙ ① 가정법 현재(미래 희망)
Si + 주어 + 직설법 현재... , 주어 + 미래(상당 어구)...
예) Si tengo mucho dinero, compraré la casa de lujo.
만약 많은 돈을 가지고 있다면, 고급주택을 구입할 텐데.

② 가정법 과거(현재 사실의 반대)
Si + 주어 + 접속법 과거... , 주어 + 가능 미래...
예) Si tuviera mucho dinero, donaría todo el dinero a la fundación.
만약 내가 돈이 많았었다면, 모든 돈을 재단에 기부했을 텐데.

🖋 어휘 : el muchacho 소년 / la muchacha 소녀 / mismo 같은 / el tío 삼촌 /
nuestro 우리의 / la tía 이모, 숙모 / el primo 사촌(남) / la prima 사촌(여) /
el abuelo 할아버지 / la abuela 할머니 / correcto 옳은

[1]Clave : ① El hermano de nuestro padre o de nuestra madre es nuestro 'tío'.

② Los hijos del hermano o de la hermana de nuestro padre o madre
son nuestro 'primos'.

③ Los hijos de mi hermano o de mi hermana son mis 'sobrino'.

쉬어가기-7

스페인어권 국가들의 화폐 단위는?

- España   euro
- México   peso
- Costa Rica   colón
- Cuba   peso
- El Salvador   colón
- Guatemala   quetzal
- Honduras   lempira
- Nicaragua   córdoba
- Panamá   balboa
- Puerto Rico   dólar
- República Dominicana   peso
- Argentina   peso
- Bolivia   peso
- Colombia   peso
- Chile   peso
- Ecuador   sucre
- Paraguay   guaraní
- Perú   sol
- Uruguay   peso uruguayo
- Venezuela   bolívar

Novena Lección

01 Gramática básica

■ Vivir 평서문

단수	복수
yo vivo	nosotros vivimos
tú vives	vosotros vivís
él vive ella vive usted vive	ellos viven ellas viven ustedes viven

■ Vivir 의문문

단수	복수
¿vivo yo ?	¿vivimos nosotros?
¿vives tú?	¿vivís vosotros?
¿vive él? ¿vive ella? ¿vive usted?	¿viven ellos? ¿viven ellas? ¿viven ustedes?

Ⱄ Memoria : ~ir로 끝나는 동사로 연습을 해보자.

① escribir   ② subir   ③ recibir   ④ decidir

⑤ asistir   ⑥ cubrir   ⑦ partir

02 Gramática aplicada al examen

※ 이 파트는 학습이 완료된 이후, 복습차원에서 보는 페이지임.

1

Una persona que _________ en plenitud no deja de tener problemas.

① es ② ha ③ hay ④ vive ⑤ tiene

🔒 해석: 전성기에 살고 있는 사람은 반드시 문제점을 가지고 있다.

2

Cerca de la mitad de los niños peruanos _________ en la pobreza, según un informe oficial sobre el estado de la niñez del país.

① vive ② viven ③ vives ④ vivís ⑤ vivimos

🔒 해석: 국가 유년기 상황에 관한 공식 정보통에 따르자면, 페루의 아이들의 절반 가까이가 가난 속에 살고 있다.

3

Hace tres años que ella _________ en Busan.

① vive ② vivía ③ viva ④ ha vivido ⑤ está viviendo

🔒 해석: 그녀는 부산에서 3년 동안 살고 있다.

🔒 정답: ① ⑤ .2 ② .3 ④ .1

Novena Lección

47

Profesor : Aquí está el profesor de aritmética parado al lado de la 'pizarra'.

Alumno : ¿Qué es 'pizarra'?

Profesor : La 'pizarra' es una 'tablilla' negra que sirve para hacer los cálculos y las demostraciones. El profesor enseña(= da instrucción en) la aritmética a los muchachos de la clase.

Alumno : ¿Qué es 'aritmética'?

Profesor : 'Aritmética' es calcular los números. Los muchachos aprenden los números cardinales. Ellos pertenecen a (=son de) la última clase, porque son pequeños y todavía no saben calcular bien. Los muchachos de la primera y de la segunda clase son grandes, y estudian geometría y álgebra.

[1] cálculo : Cómputo, cuenta o investigación que se hace de algo por medio de operaciones matemáticas.

[2] demostración : Acción y efecto de demostrar.

Pregunta: ① ¿Qué es 'pizarra'?

② ¿Qué es 'aritmética'?

48

Profesor : Los muchachitos no estudian geometría ni álgebra.

Alumno : ¿Qué significa 'muchachitos'?

Profesor : ¿Sabes tú lo que es un muchacho?

Alumno : Sí, profesor, yo sé lo que es un muchacho y una muchacha.

Profesor : Pues bien, un muchacho pequeño es un muchachito; una muchacha pequeña es una muchachita; un niño pequeño es un niñito; un gato pequeño es un gatito; una casa pequeña es una casita, etc. La terminación, indica que un objeto es pequeño. Si hablo de un libro que es lo contrario de grande, no necesito emplear el adjetivo pequeño, y digo simplemente 'librito'. ¿Comprendes?

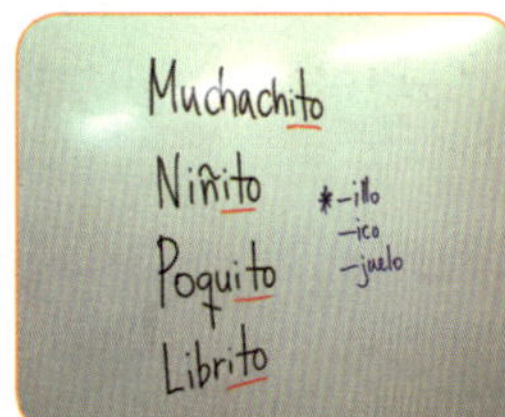

Alumno : Compredo muy bien. Pues bien, ¿cómo designa Ud. un caballo pequeño? Caballito, por supuesto (= naturalmente). ¿Y un sombrero pequeño? Un sombrerito.

Profesor : Muy bien, yo veo que tú comprendes perfectamente.

[1]caballo : Mamífero del orden de los Pcrisodáctilos, solípedo, de cuello y cola poblados de cerdas largas y abundantes, que se domestica fácilmente.

Pregunta: ① ¿Qué significa 'muchachitos'?

49

Alumno : ¿Cómo designa Ud. un hombre pequeño? Un hombrito.

Profesor : No, señor, no hombrito, sino hombrecito. En algunos casos agregamos la terminación *cito* (o *cita*) al sustantivo.

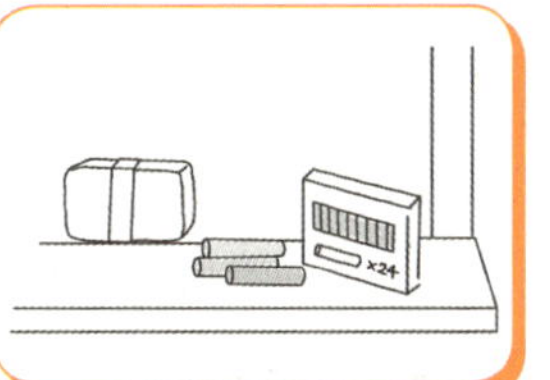

Alumno : ¿Con qué escribe el profesor en la pizarra con una pluma?

Novena Lección

[1]sustantivo : Que tiene existencia real, independiente, individual.

[2]difícil : Que no se logra, ejecuta o entiende sin mucho trabajo.

Pregunta: ① ¿Cómo designa Ud. un hombre pequeño?

② ¿Con qué escribe el profesor en la pizarra?

③ ¿Qué es 'fácil'?

50

Alumno : ¿Qué números ve Ud. en la pizarra?

Profesor : Veo los números uno(1), dos(2), tres(3), cuatro(4), cinco(5).

Alumno : ¿Qué otros números?

Profesor : Seis(6), siete(7), ocho(8), nueve(9), diez(10), once(11), doce(12), trece(13), catorce(14), quince(15), dieciséis(16).

Alumno : ¿Es todo?

Profesor : Sí, señor, es todo. Después de dieciséis vienen diecisiete(17), dieciocho(18), diecinueve(19) y veinte(20). Muy bien, es

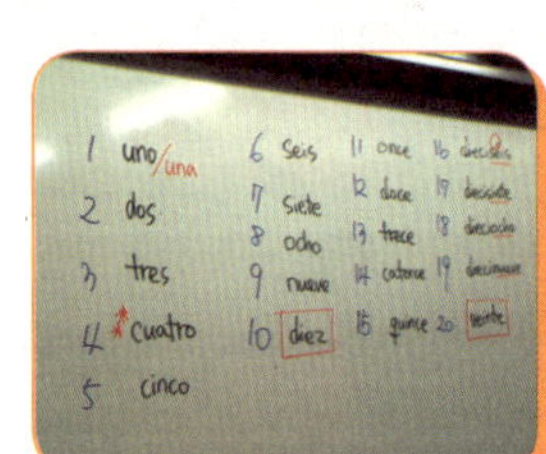

necesario aprender los números cardinales hasta ciento(100).

Alumno : ¿Dónde vive(= reside) Ud. ahora?

Profesor : Yo vivo en la Quinta Avenida. Una "avenida" es una calle grande y ancha(= espaciosa).

[1]cardinal : Que expresa exclusivamente cuántos son los seres de que se trata.

Pregunta: ① ¿Después de dieciséis vienen qué números hasta veinte?

② ¿Qué es 'avenida'?

51

Alumno : ¿Cuántas avenidas tiene Nueva York?

Profesor : Tiene diez o doce, pero la Quinta Avenida es una de las más hermosas. Cinco muchachos están en la calle. Cuatro de los muchachos tienen zancos; tres están montados en los zancos, un muchacho está sentado, y uno está de pie. ¿Cuántos zancos tiene cada muchacho?

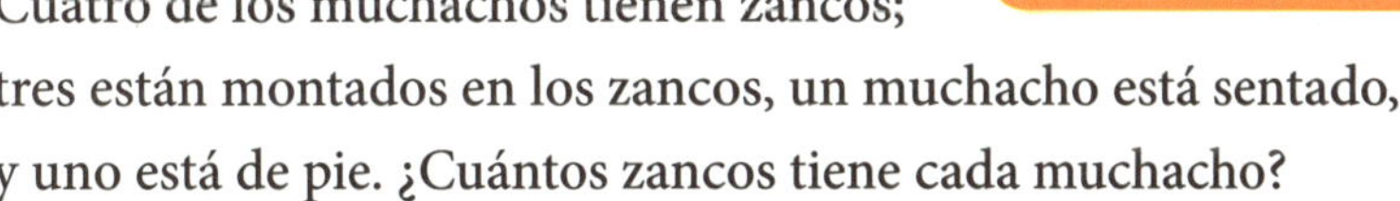

Alumno : Cada uno tiene dos, un zanco para el pie derecho, y uno para el pie izquierdo.

Profesor : ¿Sabes las palabras 'derecho' y 'izquierdo'?

Alumno : Sí, profesor. Una de nuestras manos es la mano derecha, y la otra es la mano izquierda.

[1]zanco: Se aplica a cada uno de los dos palos altos, con salientes para los pies, sobre los que se anda.

Pregunta: ① ¿Qué son las palabras 'derecho' y 'izquierdo'?

Novena Lección

52

Alumno: ¿Cuántas conjugaciones tenemos en
español?

Profesor: Tenemos tres, la primera en *-ar*, como
'hablar'; la segunda en *-er*, como
'vender', y la tercera en *-ir*, como 'vivir'.
Ahora ¿sabes un verbo regular de cada
conjugación?

Alumno: Ah, ya lo sé.

[1]ya : Denota el tiempo pasado.

Pregunta: ① ¿Cuántas conjugaciones tenemos en español?

쉬어가기-8

왼쪽과 오른쪽 열에서 서로 관련이 있는 것을 모두 연결하면…

① cortar

② la cucharita

③ la taza

④ el jugo de naranja

⑤ el azúcar

⑥ el tenedor

⑦ el jugo de tomate

⑧ la mantequilla

ⓐ el platillo

ⓑ el vaso

ⓒ el pan dulce

ⓓ el cuchillo

ⓔ comer

ⓕ el té

ⓖ el café con leche

ⓗ el pan tostado

[Clave] ① el cuchillo ② comer, el té, el café con leche
③ el platillo, el té, el café con leche ④ el vaso
⑤ el té, el café con leche ⑥ comer ⑦ el vaso
⑧ el cuchillo, comer, el pan tostado

Novena **L**ección

47

Profesor : 여기 '칠판'옆에 서있는 산수 선생님이 있다.

Alumno : 'Pizarra'가 뭐죠?

Profesor : Pizarra"는 계산과 보여주기 위해 사용되는 금은 판이다. 선생님은 수업의 많은 아이들에게 산수를 가르치신다.

Alumno : "Aritmética"가 뭐죠?

Profesor : "Aritmética"는 숫자를 계산하는 것이다. 아이들은 기수들을 배운다. 그들은 맨 뒷 반에 속하는데, 이유는 아이들이 작고, 아직까지 계산을 잘 못한다. 1, 2반 아이들은 크고, 기하학과 대수학을 공부한다.

✒ 해설 : ● Aquí está el profesor de aritmética parado al lado de la pizarra.
여기 칠판 옆에 멈춰 서 계신 분이 수학 선생님이시다.
→ parado 는 상태(정지) 동사와 어울려 '멈춰있는'이라는 의미인데, 문맥상 estar de pie인 '서 있다'라는 의미이다. 'al lado de + 명사'는 '~의 옆에'라는 의미의 전치사 역할을 한다.

● La pizarra es una tablilla negra que sirve para hacer los calculus y las demostraciones.
칠판은 계산하고, 보여주기 위해 사용되는 검은색 판이다.
→ servir para~는 '~용으로 사용하다'라는 의미이다. tablilla는 tabla의 축소형으로 '작은 판'을 의미한다.

● pertenecer 의 동사 변화
→ Yo pertenezco / Tú perteneces / Él pertenece / Nosotros pertenecemos / Vosotros pertenecéis / Ellos pertenecen

✒ 어휘 : la aritmética 산수, 수학 / la pizarra 칠판 / la tablilla 작은 판/ el calculus 계산 / la demostración 증명 / enseñar 가르치다 / la instrucción 지도 / calcular 계사하다 / cardinal 기수의 / pertenecer (~에) 속하다 / último 마지막의 / pequeño 작은 / todavía 아직 / la geometria 기하학 / la algebra 대수학

[1]계산 : 계산, 셈하기 또는 수학적 연산에 의해 무엇인가에 개연성을 가지고 조사하기.

²증명 : 나타내 보이려는 행동과 결과.

³Clave : ① Es una 'tablilla' negra que sirve para hacer los cálculos y las demostraciones.

② Es calcular los números.

48

Profesor : 작은 아이들은 기하학과 대수학을 공부하지 못한다.

Alumno : 'Muchachitos'는 무엇을 의미하죠?

Profesor : 넌 아이들이라는 것을 알잖니?

Alumno : 네, 선생님. 저는 남자아이와 여자아이라는 것을 압니다.

Profesor : 그럼. 작은 남자 아이는 muchachito라고 하고, 작은 여자아이는 muchachita라고 하며, 작은 아이는 niñito, 작은 고양이는 gatito, 작은 집은 casita 등이라고 한단다. 사물을 지칭하는 어미는 작다는 것이다. 만약 내가 크다는 것의 반대 개념의 책을 말하고자 한다면, pequeño라는 형용사를 차용할 필요 없이, 단지 librito라고 언급하면 된단다. 이해하니?

Alumno : 아주 잘 이해했습니다. 선생님은 작은 말은 어떻게 지칭하시죠? 물론 caballito이죠. 그리고 작은 모자는요. sombrerito이 맞죠.

Profesor : 매우 잘하네. 난 제가 완벽하게 이해했다고 본다.

🖋 해설 : ● si hablo de un libro que es lo contrario de grande, no necesito emplear el adjetivo pequeño, y digo simplemente 'librito'.
만약 내가 책이 큰 것의 반대인 것으로 언급한다면, 작다는 형용사를 차용할 필요 없고, 단지 librito라고 말한다.

→ 'hablar de + 명사'는 '~를 말한다'의 뜻으로 hablar동사는 자동사임으로 목적어를 직접 사용할 수 없다. 하지만, 언어명 만은 예외로 사용을 한다.
예) Ella habla español. 그녀는 스페인어를 말한다.
Ellos hablan de la literatura española. 그들은 스페인 문학을 말한다.

🖊 어휘 : estudiar 공부하다 / el niño 아이(남) / el gato 고양이 / la casa 집 / la terminación 끝, 어미 / el objeto 목적, 사물 / decir 말하다 / simplemente 단순히 / designar 지칭하다 / por supuesto 당연히 / el sombrero 모자 / perfectamente 완벽하게

¹말 : 쉽게 가축이 되고 꼬리와 목에 길고 풍성한 뻣뻣한 털을 가진 기제류이며 단제류인 포유류 동물.

²Clave : ① Es un muchacho pequeño.

Novena **L**ección

49

Alumno : 선생님은 작은 남자를 어떻게 지칭하시나요. hombrito로 나타나나요.

Profesor : 아니, hombrito가 아니고 hombrecito란다. 어떤 경우에 우리는 어미에
~cito를 명사에 붙여 준단다.

Alumno : 선생님은 칠판에 무엇을 가지고 필기하죠? 펜을 가지고요?

Profesor : 아니지.

Alumno : 연필은요?

Profesor : 역시 아니란다.

Alumno : 그럼 무엇을 가지고요? 저는 영어로는 무엇을 가지고 쓰는지 아는데, 스페인
어로는 모르겠어요.

Profesor : 아주 잘 알았다. 선생님은 분필(tiza)를 가지고 칠판에 필기를 한단다. 분필
은 흰색이고, 칠판은 검정색이지. 그래서 칠판에 숫자가 구분이 가도록 보기
에 편리하단다. '쉽다'는 것은 '어렵다'는 것의 반대란다.

🖋 해설 : • no hombrito, sino hombrecito.
hombrito가 아니고, hombrecito이다.
→ 'no ~ sino...'의 경우는 영어의 'not ~ but...'의 의미로 부정 뒤에 긍정을
하는 문장구조를 언급한다.

• Así es que es fácil ver distintamente los números en la pizarra.
그렇게, 칠판에 있는 숫자들을 구분이 되게 보는 것은 쉽다.

🖋 어휘 : la cabeza 머리 / el caso 경우 / agregar (덧) 붙이다 / el sustantivo 명사 /
escribir 쓰다 / la pluma 펜 / el lápiz 연필 / la tiza 분필 /
distintamente 구별되게 / el número 숫자

[1]명사 : 실제로 독립적이면 개별적으로 존재하는 것.

[2]어려운 : 아주 수월하게 얻어지거나, 실행되거나 이해되지 않는 것.

[3]Clave : ① Es un hombrito.

② Escribe con tiza.

③ Es lo contrario de 'difícil'.

50

Alumno : 칠판에 무슨 숫자가 보이세요?

Profesor : 나는 숫자 1, 2, 3, 4, 5를 볼 수 있단다.

Alumno : 다른 무슨 숫자가 있나요?

Profesor : 6, 7, 8, 9, 10, 11, 12, 13, 14, 15, 16이 있단다.

Alumno : 다 인가요?

Profesor : 응, 모두란다. 16 이후에는 17, 18, 19, 20이 온단다. 아주 좋다. 100까지의
기수를 배울 필요가 있겠다.

Alumno : 선생님은 지금 어디 사시죠〉

Profesor : 난 5번가에 산단다. 'Avenida'는 크고 폭이 넓은 길을 말한다.

해설 : • Es necesario aprender los números...
숫자들을 배우는 것이 필요하다.
→ Es necesario aprender...에서 주어는 동사 원형인 aprender이다.
이 문장은 영어의 'It is + 형용사 + to 부정사'의 문장과 동일한 것으로 영
어에서는 '가주어 it' 뒤에 'to부정사는 진주어'라고 표현한다. 이것이 스페
인어에 와서는 가주어 부분이 존재 하지 않고, 진주어인 동사 원형이 뒤에
쓰여져 있는 것이다.

어휘 : otro 다른(것) / todo 모두(의) / después de ~의 이후에 / necesario 필요한 /
aprender 배우다 / hasta ~까지 / cardinal 기수의 / vivir 살다 / la calle 길 /
grande 큰 / ancho 넓은 / espacioso 공간이 넓은

✿ 참고
① 기수
0 cero / 1 uno / 2 dos / 3 tres / 4 cuatro / 5 cinco / 6 seis / 7 siete /
8 ocho / 9 nueve / 10 diez / 11 once / 12 doce / 13 trece / 14 catorce /
15 quince / 16 dieciséis / 17 diecisiete / 18 dieciocho / 19 diecinueve /
20 veinte
② 서수(성수 구별)
1 primero / 2 segundo / 3 tercero / 4 cuarto / 5 quinto / 6 sexto /
7 séptimo / 8 octavo / 9 noveno / 10 décimo

[1]기수 : 다루어지는 존재들이 명시적으로 얼마나 되는지 표현하는 것.

[2]Clave : ① Son diecisiete, dieciocho y diecinueve.

② Es una calle grande y ancha.

Novena Lección

51

Alumno : 뉴욕은 몇 개의 거리가 있니?

Profesor : 12 또는 13개 정도. 하지만 5번째 거리는 가장 아름다운 도시 중에 하나다. 5명의 아이들은 거리에 있단다. 아이들 중 4명은 zanco를 가지고 있다. 3명은 zanco에 올라 타 있고, 한명은 앉아 있다. 그리고 한명은 서 있다. 각각의 아이들은 몇 개의 zanco를 가지고 있을까?

Alumno : 각 한명이 2개씩 가지고 있는데요. 하나는 오른쪽 발 용이고, 하나는 왼쪽 발 용입니다.

Profesor : 'Derecho' 와 'Izquierdo'란 말을 아니?

Alumno : 네 선생님. 우리의 팔 중 하나는 오른쪽 팔이고, 다른 쪽은 왼쪽 팔입니다.

🖋 해설 : • ¿Cuántas avenidas tiene Nueva York?
뉴욕은 몇 개의 대로(가로수길)를 가지고 있는가?
→ cuánto는 단수로 사용될 경우는 영어의 how much로 사용되며, 복수로 사용될 때는 how many로 사용된다. 그리고 avenida는 의미가 가로수 길이지만, 일반적으로 도시의 대로(大路)를 의미할 때 사용된다.

🖋 어휘 : la avenida 가로수 길 / zanco 죽마 / el pie 발 / cada 각각 / derecho 오른쪽의 / izquierdo 왼쪽의 / la mana 손

[1]죽마 : 걷는 부분 위쪽으로 발을 (올릴 수 있기) 위해 돌출부분을 가지고 있는 두 개의 높은 나무 장대들의 각각 하나에 적용되는 (명칭)이다.

[2]Clave : ① 'Derecho' es el lado y la mano que están en el lado opuesto al corazón. 'Izquierdo' es que estáen la mitad longitudinal del cuerpo humano donde se sitúa el corazón.

52

Alumno : 스페인어에서는 몇 개의 동사변화형을 가지고 있을까요?

Profesor : 3개를 가지고 있단다. 첫 번째 것은 hablar와 같은 ~ar로 끝나는 것이며, 두 번째 것은 vender처럼 ~er로 끝나는 것이다. 그리고 세 번째 것은 vivir처럼 ~ir로 끝나는 것이다. 이제 각각 변화의 규칙 동사는 알겠지?

Alumno : 아, 이제 압니다.

✎ 해설 : • 규칙동사변화
  ① hablar
    Yo hablo / Tú hablas / Él habla / Nosotros hablamos /
    Vosotros habláis / Ellos hablan
  ② vender
    Yo vendo / Tú vendes / Él vende / Nosotros vendemos /
    Vosotros vendéis / Ellos venden
  ③ vivir
    Yo vivo / Tú vives / Él vive / Nosotros vivimos /
    Vosotros vivís / Ellos viven

✎ 어휘 : veder 팔다 / el verbo 동사 / ahora 지금 / saber 알다

[1]이제 : 지나간 시간을 나타내다.

[2]Clave : ① Tenemos tres, la primera en -ar, como 'hablar', la segunda en -er,
        como 'vender', y la tercera en -ir, como 'vivir'.

Décima Lección

01 Gramática básica

Verbo auxiliar "Haber" y participio pasado

■ 현재 완료형 평서문

yo he	amado	comido	vivido
tú has	amado	comido	vivido
él ha	amado	comido	vivido
Ud. ha	amado	comido	vivido
nosotros hemos	amado	comido	vivido
vosotros habéis	amado	comido	vivido
ellos han	amado	comido	vivido
Uds. han	amado	comido	vivido

■ 현재 완료형 의문문

¿he	amado	comido	vivido	yo?
¿has	amado	comido	vivido	tú?
¿ha	amado	comido	vivido	él?
¿ha	amado	comido	vivido	Ud.?
¿hemos	amado	comido	vivido	nosotros?
¿habéis	amado	comido	vivido	vosotros?
¿han	amado	comido	vivido	ellos?
¿han	amado	comido	vivido	Uds.?

ꕔ Memoria : 'haber + 는 완료형 ' 경우에 4가지의 의미를 가지고 있다.

① 현재 시점에서 완료된 행위
Ella ha ido a comprar un recuerdo.

② 현재를 의미하는 부사를 사용하여 '〜했다'라는 과거의미 표시.
Ha llovido mucho este año.

③ 경험
¿Has probado la tortilla?

④ 현재까지 지속된 표현
¿Cuánto tiempo has estudiado el español?

Décima Lección

Gramática aplicada al examen

※ 이 파트는 학습이 완료된 이후, 복습차원에서 보는 페이지임.

1

No hay nadie que _________ visto el accidente.

① haya   ② había   ③ habrá   ④ hubiste   ⑤ habría

해석: 그 사고를 본 사람은 아무도 없다.

2

No creo que mis amigos me _________ abandonado.

① han   ② hayan   ③ habían   ④ hubieran   ⑤ habrían

해석: 난 내 친구들이 날 버려버릴 것이라 믿지 않는다.

3

Los trabajadores han _________ su labor esta semana.

① terminaron ② terminados   ③ terminando   ④ terminado   ⑤ terminanda

해석: 일꾼들은 이번 주에 그들의 일을 끝냈다.

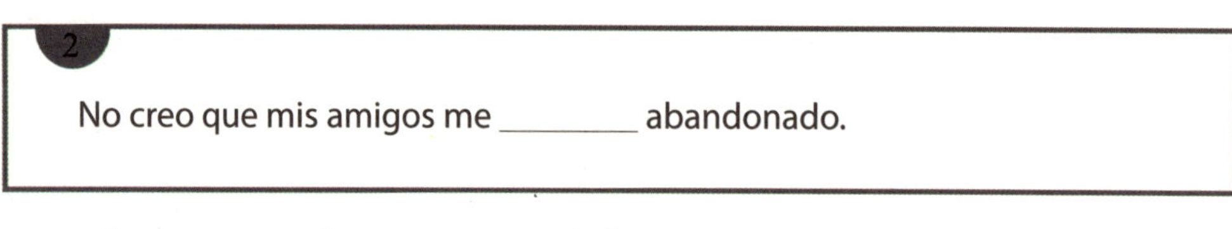

정답: 1 ① 2 ② 3 ④

03 Lectura básica

53

Profesor : Aquí está una señora con su hijo y
su niñita.

Alumno : ¿Quién es esta señora?

Profesor : Es la señora doña María Martín.
Su marido, don Carlos Martín, es
médico.

Alumno : Yo no conozco la palabra médico.

Profesor : ¿Sabes tú lo que es medicina?

Alumno : Sí, lo sé, porque en inglés tenemos casi la misma palabra.

Profesor : Muy bien, el médico prescribe medicina y remedios a las
personas que están enfermas(= malas). Cuando estamos
malos, tomamos medicina para curarnos. Un médico es una
persona que profesa a la medicina. ¿Comprendes ahora?

Alumno : Sí, profesor, el padre de mi amigo es médico, pero no sé que es
'ahora'.

Profesor : Tú has olvidado la significación de 'ahora', porque hemos
tenido esta palabra en una lección anterior. 'Ahora' significa 'en
este momento', 'al presente', 'en esta época', 'en nuestros días'.
¿Has comprendido tú?

Alumno : Sí, profesor, he comprendido.

[1]enfermo : Que padece enfermedad.

[2]curar : Aplicar con éxito a un paciente los remedios correspondientes a la
remisión de una lesión o dolencia.

Pregunta: ① ¿Qué hace el médico?

② ¿Qué significa 'ahora'?

Décima Lección

Profesor : La niña es muy pequeña. Es una niñita. No habla todavía. El muchacho es mucho más grande que la niñita. Es un buen muchacho, y estudia mucho en la escuela. Él habla ya inglés, francés, alemán y español.

Alumno : ¿Habla Ud. francés?

Profesor : Yo hablo y comprendo un poco, lo aprendo ahora. El muchacho es el hijo mayor, y la niñita (es) la hija menor de don Carlos y de doña María. 'Mayor' es el comparativo irregular de 'grande', y 'menor' el comparativo irregular de 'pequeño'. Mayor significa también 'de más edad'. El hijo mayor tiene más edad que la hija menor. ¿Sabes tú lo que es 'edad'?

Alumno : No muy bien.

Profesor : Un anciano(= viejo) tiene mucha edad o muchos años; un muchacho o un niño tiene poca edad o pocos años. ¿Qué edad (= Cuántos años) tienes tú?

Alumno : Yo tengo dieciocho años.

Profesor : ¿Qué edad tiene tu hermana?

Alumno : Ella tiene doce años. Mi padre tiene cincuenta años, y mi madre tiene cuarenta y cinco años. Yo tengo un hermano mayor que tiene veintidós años y estudia medicina. Él ha estado en la universidad Corea. ¿Ha estado Ud. en la universidad?

Profesor : Sí, señor, pero no en la universidad Corea. ¿Qué estudias tú ahora?

Alumno : Yo he aprendido el francés, el alemán, el latín, el griego y las matemáticas. ¿Qué estudia Ud. ahora?

Profesor : Yo no estudio. Tengo una colocación(= posición) en la universidad Hankuk. Soy profesor.

[1]comparativo : Que compara o sirve para hacer comparación.

📧 Pregunta: ① ¿Qué significa 'edad'?

② ¿Qué es 'mayor'?

③ ¿Qué es 'menor'?

55

Alumno : Profesor, no comprendo esta palabra. Aquí está un ferrocarril o camino de hierro.

Profesor : Los ferrocarriles sirven para transitar (= viajar) de un punto a otro, y también para llevar(= trasportar) mercancías. Los trenes del ferrocarril corren sobre carriles de hierro. Un ferrocarril es un camino cuya vía está formada por dos líneas paralelas de hierro con sus correspondientes carriles. El 'hierro' es un metal. Las ruedas de los trenes son también de hierro.

Alumno : Aquí está una rueda. Los carros y los coches tienen ruedas, ¿no?

Profesor : Sí, las tienen. Una rueda es de forma redonda.

Alumno : ¿Qué es 'Formado'?

Profesor : 'Formado' es el participio pasado del verbo formar, de primera conjugación. Los participios pasados de los verbos de esta conjugación terminan en ~*ado*, como amar, amado; hablar, hablado, etc. Los participios pasados de los verbos de la segunda y tercera conjugación terminan generalmente en ~*ido*, como tener, tenido; comer, comido; vivir, vivido; recibir, recibido.

[1]paralelo : Dicho de dos o más líneas o planos: Equidistantes entre sí y que por más que se prolonguen no pueden encontrarse.

[2]correspondiente : Que tiene correspondencia con una persona o con una corporación.

📧 Pregunta: ① ¿Qué es 'ferrocarril'?

② ¿Qué es 'Formado'?

Décima Lección

53

Profesor : 여기 그녀의 아들과 어린 여자아이를 데리고 있는 부인이 있단다.

Alumno : 이 부인은 누구시죠?

Profesor : 그분은 도냐 마리아 마르띤이시고, 그녀의 남편은 돈 까를로스 마르띤이란 의사란다.

Alumno : 저는 'Médico'라는 어휘를 알지 못합니다.

Profesor : 너는 의학이라는 것을 아니?

Alumno : 네, 압니다. 영어로 거의 같은 단어이기 때문이죠.

Profesor : 응, 좋다. 의사는 약과 처방을 병을 앓고 있는 사람들에게 써준단다. 우리가 상태가 안 좋을 때, 치료하기 위해 약을 먹는 거지. 의사는 의학에 일에 종사하는 사람이지. 이제 이해하니?

Alumno : 네, 선생님. 제 친구의 아버지가 의사신데, 하지만 지금은 모르겠습니다.

Profesor : 너는 'Ahora'라는 의미를 잊었니. 왜냐하면 이 단어는 앞 단원에서 있었단다. 'Ahora'는 '이 순간에 있는 것', '현재에 있는 것', '이 시대에', '우리의 나날들에'를 의미한다. 이해했었지.

Alumno : 네, 선생님. 저는 이해했습니다.

✒ 해설 : • ¿Sabes tú lo que es medicina?

  넌 약이라는 것을 아니?

  → 'lo que + 문장'의 경우는 영어의 'what + 문장'과 같은 경우로 선행사를 포함한 '~것'이라고 해석된다.

• Un médico es una persona que profesa a la medicina.

  의사는 의학에 종사하는 사람이다.

  → medicina 는 '의학'이라는 의미와 '약'이라는 의미를 가지고 있음. 위 문장에서는 '의학'이라고 사용된다. 관계사 que는 인칭을 수식할 때, 주어와 직접목적어 역할을 할 때는 que를 사용하며, 간접목적어로 사용될 때는 quien를 사용하게 된다.

✒ 어휘 : el hijo 아들 / el marido 남편 / conocer 알다, 만나다 / la medicina 의학, 약 / el remedio 치료 / la persona 사람 / enfermo 아픈 / profesar 종사하다 /

curar 치료하다 / olvidar 잊다 / la significación 의미 / la lección 학과 /
anterior 앞의 / momento 순간 / el presente 현재 / la época 시기

[1]아픈 : 별에 걸려 있는.

[2]치료하다 : 상처 또는 고통의 완화에 상응하는 치료를 환자에게 성공적으로 적용하는 것.

[3]Clave : ① El médico precribe medicina y remedios a las personas que están
enfermas.

② Ahora significa 'en este momento', 'al presente', 'en este época', 'en
unestros días'.

54

Profesor : 여자 아이는 매우 작단다. niñita(꼬마 여자아이)라고 하지. 아직 말은 못한
단다. 남자아이는 꼬마여자아이보다 훨씬 더 크지. 착하단다. 그리고 학교에
서 공부도 열심히 한단다. 그는 이미 영어, 프랑스, 독일어, 스페인어를 말한
단다.

Alumno : 선생님은 프랑스어를 말하세요?

Profesor : 난 조금 말하고, 이해한단다. 지금 그것(프랑스어)을 배우고 있지. 남자아이
가 큰 아들이고, 꼬마 여자아이가 돈 까를로스와 도냐 마리아의 작은 딸이란
다. 'Mayor'는 것은 '큰'이라는 불규칙 비교사란다. 그리고 'Menor'는 '작은'
이라는 불규칙 비교사란다. 'Mayor'는 또한 '더 나이가 많은'이라는 뜻도 있
다. 큰 아들은 작은 딸보다 더 나이가 많겠지. 너는 'Edad(나이)'라는 것을
알겠니?

Alumno : 아주 잘은 모르겠어요.

Profesor : 노인은 나이가 많단다. 아이는 나이가 적겠지. 너는 몇 살이니?

Alumno : 저는 18살입니다.

Profesor : 네 여동생은 몇 살이지?

Alumno : 그녀는 12살입니다. 우리 아버지는 50세시고, 우리 어머니는 45세이십니다.
저는 22살인 형이 있구요. 그는 의학을 공부합니다. 그는 고려 대학에 다닙
니다. 선생님은 대학에 다녔었나요?

Profesor : 응, 하지만 고려 대학에서는 안다녔단다. 너는 지금 무엇을 공부하니?

Alumno : 저는 프랑스어, 독일어, 라틴어, 그리스어와 수학을 공부해왔습니다. 지금
선생님은 뭘 공부하세요?

Profesor : 난 공부하지 않는단다. 난 한국대학에서 일을 한단다. 난 선생님이지.

Décima Lección

✒ 해설 : • Yo tengo un hermano mayor que tiene veintidós años.
　　　　　난 22살인 형이 있다.
　　　　　→ mayor 는 비교급으로 '더 나이 먹은'이라는 뜻이지만, 뒤에 오는 que는 비
　　　　　　교급 문장에 나오는 영어의 than이 아니라, 관계사 that이다.

　　　　• Tengo una colocación en la universidad.
　　　　　난 대학에서 자리를 가지고 있다.
　　　　　→ la colocación 은 '배치' 또는 '자리'의 의미를 가지고 있지만, 이 문장에서
　　　　　　는 '직업'의 의미가 있음.

✒ 어휘 : todavía 아직 / estudiar 공부하다 / mayor 더 나이가 많은 / menor 더 어린 /
　　　　la edad 나이 / el anciano 노인(남) / la universidad 대학 / el latín 라틴어 /
　　　　el griego 그리스어 / las matemáticas 수학 / la colocación 배치 /
　　　　la posición 위치

[1]비교적 : 비교하기 위해 사용되거나 또는 대조하는 것.

[2]Clave : ① Es el tiempo de existencia desde el nacimiento.
　　　　　② Es el comparativo irregular de *grande*.
　　　　　③ Es el comparativo irregular de *pequeño*.

55

Alumno : 선생님, 저는 이 단어를 이해 못하고 있습니다. 여기 철로가 있습니다.

Profesor : 철로는 한 지점에서 다른 지점으로 이동할 수 있게하는 역할을 한단다. 또
　　　　한 물건을 운반하기 위한 경우도 있지. 철도 기차들은 철로 위를 달린다.
　　　　철로는 상응하는 노선과 쇠(철)의 2줄 평행선에 의해 만들어진 길이다.
　　　　'Hierro(철, 쇠)'는 금속이다. 기차의 바퀴들은 또한 쇠로 되어 있다.

Alumno : 여기 바퀴가 있습니다. 자동차들과 (마)차들은 바퀴를 가지고 있죠. 아닌가요?

Profesor : 응, 가지고 있지. 바퀴는 둥근 형태로 되어 있단다.

Alumno : 'Formado'가 뭐죠?

Profesor : 'Formado'는 1인칭 변화형 동사인 formar(형성, 구성하다)동사의 과거분사
　　　　형이다.이런 동사들의 과거 분사형은 amar가 amado, hablar가 hablado
　　　　등으로 변하는 것처럼 어미가 ~ado로 끝난단다. 두 번째, 세 번째 동사
　　　　의 과거 분사형은 일반적으로 tener가 tenido, comer가 comido, vivir가
　　　　vivido, recibir가 recibido로 바뀌는 것처럼 ~ido로 끝난다.

✎ 해설 : • Un ferrocarril es un camino cuya vía está formada por dos líneas paralelas de hierro con sus correspondientes carriles.
철로는 상응하는 노선과 쇠(철)의 2줄 평행선에 의해 만들어진 길이다.
→ cuya 는 영어의 whose의 역할을 하며, 스페인어의 관계형용사는 수식하는 명사에 따라 cuyo, cuya, cuyos, cuyas처럼 성수가 결정된다.

✎ 어휘 : el ferrocarril 철도 / el camino 길 / el hierro 철, 쇠 / transitar 지나다 / correr 달리다 / el carril 차선 / la vía 길 / formado 형성된 / paralelo 평행한 / correspodiente 상응하는 / la rueda 바퀴 / redondo 둥근 / el participio 분사 / pasado 과거의 / recibir 받다

[1]평행의 : 서로간의 거리가 같으며, 아무리 연장을 해도 만나게 될 수 없는 둘 또는 그 이상의 선 또는 면에 관한 언급.

[2]통신의(상응하는) : 한사람 또는 한 단체와 서신왕래를 하는 것.

[3]Clave : ① Sirven para transitar de un punto a otro, y también para llevar mercancías.
② Es el participio pasado del verbo formar, de primera conjugación.

Undécima Lección

01 Gramática básica

■ **Verbo impersonal "Haber"**

긍정	부정
hay	no hay

긍정의문	부정의문
¿hay?	¿no hay?

▶ **Memoria** : 'hay동사'는 인칭을 가지고 있지 않은 독립적 동사의 한 형태임. 하지만, 미래와 과거를 표시할 때는 'haber'동사의 3인칭 단수형으로 취급해 나타낸다. 'hay동사'는 목적어에 소유격형태와 정관사가 함께 올 수 없음. 'hay que + 동사원형'의 형태는 주어가 없는 '의무'표현임.

① Hay un libro en la silla.

② ¿Qué hay sobre la mesa?

③ No hay hotel por aquí.

④ Hay muchas personas en el estadio.

⑤ Hay que volver a casa antes de las nueve.

⑥ No hay que pensar lo pasado.

⑦ Hay que andar para la salud.

02 Gramática aplicada al examen

※ 이 파트는 학습이 완료된 이후, 복습차원에서 보는 페이지임.

1

¿Qué __________ sobre la mesa?

① hay   ② es   ③ está   ④ ha   ⑤ tiene

 해석: 테이블 위에 뭐가 있죠?

2

El mar es verdaderamente esencial, no sólo por la cantidad de alimento que nos proporciona sino también por la innumerable vida que __________ en él.

① es   ② está   ③ hay   ④ tiene   ⑤ has

해석: 바다는 우리에게 제공해주는 식량의 양적으로 보나 그 바다 속에 있는 수많은 생명에 의해서나 정말 필수불가결하다.

3

Todas las noches __________ conciertos en las calles de la ciudad.

① es   ② está   ③ hay   ④ tiene   ⑤ has

해석: 매일밤 도시의 거리에서 콘서트가 있습니다.

정답: 1 ① 2 ③ 3 ③

Undécima Lección

56

Alumno : Aquí están dos casas. En una de estas casas, en la más alta, está nuestra escuela. La escuela ocupa toda la casa, menos la parte inferior, que está ocupada por una tienda.

Profesor : ¿En qué clase estás tú?

Alumno : Estoy en la primera clase.

Profesor : ¿Cuántos muchachos hay en la clase?

Alumno : Hay doce.

Profesor : ¿Cuántas muchachas?

Alumno : No hay muchachas en nuestra clase. Ellas están en una clase separada

Profesor : ¿Cuántos maestros hay en la escuela?

Alumno : Hay cinco; uno de inglés, uno de francés, y alemán, uno de español, uno de historia y matemáticas, y uno de geografía.

Profesor : ¿No hay un profesor de música?

Alumno : Sí, profesor, doña María es profesora de música, pero ella está ahora en Europa por su salud.

Profesor : ¿No tiene ella ahora buena salud?

Alumno : No, profesor, ella está siempre enferma.

Profesor : ¿Es vieja?

Alumno : Sí, profesor, ella es una mujer de más de sesenta años.

[1]ocupar : Tomar posesión o apoderarse de un territorio, de un lugar, de un edificio, etc., invadiéndolo o instalándose en él.

Pregunta: ① ¿Cuántos maestros hay en la escuela?

② ¿Cómo está la profesora de música?

57

Profesor : ¿En qué escuela está tu hermano?

Alumno : Mi hermano ha salido de la escuela. Él es ahora dependiente
en una gran casa de comisión, y está encargado
de la correspondencia inglesa y española.

Profesor : ¿Cuántos dependientes tiene su casa de comisión?

Alumno : Tiene solamente dos dependientes. Su casa de comercio no
es muy importante. El jefe tiene dos casas de comercio, una
en Busan, y otra en Inchón en Corea del Sur. Él es un hombre
riquísimo, y tiene una casa magnífica en esta avenida.

Profesor : ¿Qué tienda hay en la parte baja de la casa?

Alumno : Es la tienda de un sastre.

Profesor : ¿No sabes lo que es un sastre?

Alumno : No, no lo sé exactamente.

Profesor : Aquí está un 'sastre'. Un sastre es un hombre que hace vestidos
para la gente.

Alumno : ¿Sabe Ud. dónde está un buen sastre?

Profesor : Sí, conozco a un sastre muy bueno, que tiene su sastrería
en nuestra calle. Él tiene excelente
paño, y trabaja muy bien.

Alumno : No sé lo que es 'paño'.

Profesor : Los vestidos son de paño. El paño es
hecho(= se hace) de lana. La lana es
el vellón(= pelo) de las ovejas.

[1]comisión : Orden y facultad que alguien da por escrito a otra persona para
que ejecute algún encargo o entienda en algún negocio.

[2]encargar : Imponer una obligación.

Pregunta: ① ¿Qué es 'sastre'?

② ¿Qué es 'paño'?

Undécima Lección

58

Profesor : El sombrerero y el zapatero viven
en nuesto pueblo. La tienda del
sombrerero es una sombrerería, y la
tienda del zapatero es una zapatería.
El sombrerero trabaja para la cabeza,
y el zapatero trabaja para los pies.

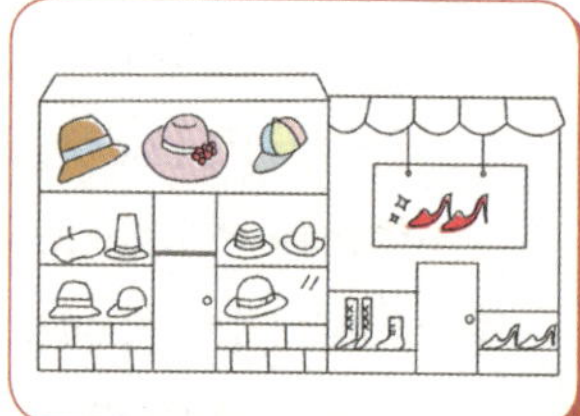

Alumno : ¿Cuántos pares de zapatos tiene Ud.?

Profesor : Yo tengo dos pares de zapatos y un par de botas.

Alumno : ¿Tiene Ud. muchos vestidos?

Profesor : Tengo cuatro pantalones y dos chalecos.

Alumno : No sé lo que son 'chalecos'.

Profesor : 'Chaleco' está ahí.

Alumno : Ud. está vestido como príncipe. ¿Es un príncipe un rey?

Profesor : Un rey es un príncipe, pero un príncipe no es siempre un rey.

Alumno : ¿Hay un rey en los Estados Unidos?

Profesor : No, chico, jamás(= en ninguna época); en las repúblicas no
hay reyes. Los gobernantes son elegidos por el pueblo por
un tiempo limitado. El jefe(= la cabeza) del gobierno de una
república es un Presidente. El jefe del gobierno en Brasil fue
un emperador, porque Brasil era un imperio. Un imperio es
un país gobernado por un emperador, y un reino es un país
gobernado por un rey.

Alumno : ¿Qué reinos hay en Europa?

Profesor : Los reinos de Inglaterra, de Bégica, de Holanda, de España,
de Portugal, de Italia, de Dinamarca, de Suecia y Noruega, y
varios otros.

Alumno : ¿Qué imperios hay?

Profesor : Los imperios de Alemania, Rusia y Austria.

Alumno : ¿Ha estado Ud. en Europa?

Profesor : No, chico, nunca.

Alumno : ¿Hay repúblicas en Europa?

Profesor : Sí, chico, hay una república grande, la república francesa, y otra más pequeña, la república suiza.

Alumno : ¿Qué tiene Suiza de notable?

Profesor : Es el país más montañoso del globo. Los habitantes de Suiza hablan francés, alemán e italiano, porque su país está situado entre Francia, Alemania e Italia.

[1]par : Conjunto de dos personas o dos cosas de una misma especie.

[2]bota : Calzado, generalmente de cuero, que resguarda el pie y parte de la pierna.

Pregunta: ① ¿Qué es 'chaleco'?

② ¿Qué reinos hay en Europa?

Undécima Lección

56

Alumno : 여기 두 채의 집이 있습니다. 이 집들 중에 하나, 가장 높은 곳에 있는 것이 우리 학교입니다. 학교는 가게로 사용되는 내부의 일부분을 제외하고는 집 전체를 사용합니다.

Profesor : 넌 무슨 수업이니?

Alumno : 전 첫 번째 수업 중입니다.

Profesor : 몇 명의 남자아이가 교실에 있니?

Alumno : 12명의 남자 아이가 있습니다.

Profesor : 여자 아이는 몇명?

Alumno : 우리 반에는 여자아이가 없습니다. 그녀들은 분반되어 있습니다.

Profesor : 학교에 몇 명의 선생님이 있니?

Alumno : 5명이 있어요. 프랑스어와 독일어 한분, 스페인어 한분, 역사와 수학 한분, 지리(학) 한분이 계십니다.

Profesor : 음악 선생님은 안 계셔?

Alumno : 네, 선생님. 도냐 마리아는 음악선생님입니다. 하지만 그녀는 지금 건강을 때문에 유럽에 계십니다.

Profesor : 그녀는 지금 건강이 좋지 않은 거니?

Alumno : 안 좋아요, 선생님. 그녀는 항상 아픕니다.

Profesor : 나이 드셨니?

Alumno : 네, 선생님. 그녀는 60세 이상의 여자 분이십니다.

해설 : • La escuela ocupa toda la casa, menos la parte inferior, que está ocupada por una tienda.

학교는 가게에 의해 차지된 아래쪽 부분을 제외한 모든 건물을 차지하고 있다.

→ toda la casa에서 casa는 건물인 edificio를 상징하며, inferior는 '열등하다'는 의미가 아닌, '아래층'을 의미한다.

• Hay cinco; uno de inglés, uno de francés y alemán, uno de español, uno de historia y matemáticas, y uno de geografía.

5명이 있다. 영어선생님 한명, 프랑스와 독일어를 (동시에) 가르치는 한명,

스페인어선생님 한명, 역사와 수학을 (동시에) 가르치는 한명 그리고 지리 선생
님 한명.
→ 두 과목을 동시에 가르칠 수 있는 선생님으로 계산한다면 5명이며, 만약 분
리해서 생각한다면 7명으로 해야 할 것임. 문맥상으로는 동시에 가르치는
선생님임.

- Ella es una mujer de más de sesenta años.
  그녀는 60세 이상의 여자분이시다.
  → 'más de + (헤아릴 수 있는) 명사'일 경우는 '∼이상'이라고 해석함.
  ○ 'menos de + 명사'는 '∼이하'임.

✎ 어휘 : alto 높은 / la escuela 학교 / ocupar 차지하다 / menos ∼제외하고 /
  la parte 부분 / inferior 아래의, 열등한 / la tienda 가게 / separado 나뉜 /
  la geografía 지리 / la música 음악 / la salud 건강 / el año 년(年)

[1]차지하다 : 그 자리를 침범하거나 그 자리에 설비를 할 수 있는 토지, 장소, 건물 등등의
  자리를 차지하거나 점령하는 것.
[2]Clave : ① Hay 5 maestros en la escuela.
  ② Está enferma.

57

Profesor : 네 형은 어디 학교에 있니?

Alumno : 제 형은 학교를 졸업했습니다. 그는 지금 큰 중간 판매점의 점원입니다. 그리
고, 영국과 스페인 무역 담당입니다.

Profesor : 그의 중간 판매점은 몇 명의 점원이 있니?

Alumno : 단지 2명의 점원이 있어요. 중간 판매상은 아주 중요한 곳은 아니죠. 사장은
두 개의 중간상을 가지고 있어요. 부산에 하나 다른 곳은 대한민국의 인천이
죠. 그는 아주 부유한 사람입니다. 그리고 이 거리에 엄청나게 멋진 집도 하
나 가지고 있죠.

Profesor : 집의 지하에는 무슨 가게가 있습니까?

Alumno : 양복점입니다.

Profesor : 재단사라는 것을 모르니?

Alumno : 네, 정확히 모릅니다.

Profesor : 여기에서 '재단사'가 있단다. 재단사는 사람들을 위해 옷을 만드는 사람이란다.

Alumno : 선생님은 실력있는 재단사가 어디에 있는지 아세요?

Undécima Lección

🖊 해설 : • Él es ahora dependiente en una gran casa de comisión.
그는 지금 큰 중간 판매회사의 점원이다.
→ grande는 단수 명사 앞에서 gran의 형태를 나타낸다. 그런데, 명사의 앞
과 뒤에 올 때, 의미상의 차이를 가져오는 수도 있음으로 주의를 해야 한다.
단, 일반적으로 사용될 때는 기본적인 의미를 사용하고, 의미변화를 하는 경
우 이탤릭체 등으로 그 의미의 차이를 알려주어야 한다. 여기에서는 일반적
의미와 큰 차이가 없다.

• (Él) está encargado de la correspondencia inglesa y española.
영국과 스페인의 무역(교역) 담당이다.
→ 'estar encargado de + 역할'은 '~담당이다'라는 의미로 사용된다.

• Él es un hombre riquísimo. 그는 가장 부자인 남자이다.
→ 형용사 뒤에 '~ísimo'를 붙이게 되면 최상급의미를 가진 형태가 되며, 성수
에 따라 어미는 바뀐다.

• El paño es hecho de lana. 천은 양모로 만들어 졌다.
→ 'de + 재료'의 경우는 재료 명사에 절대로 관사를 사용해서는 안 된다.

🖊 어휘 : salir 나가다 / el dependiente 점원(남) / comisión 중간 판매점 /
encargado 담당인 / la correspondencia 무역 / el comercio 상업 /
importante 중요한 / el jefe 사장 / magnífico 멋진 / bajo 아래의 /
el sastre 재단사 / el vestido 의복 / la gente 사람들 / sastería 양복점 /
el paño 천 / la lana 양모 / el vellón (동물의) 털

[1]위탁 : 어떤 협상에서 이해하거나 또는 어떤 임무를 수행하기 위해 누군가 다른 사람을 위
임하고자 줄 수 있는 명령 또는 자격.

[2]위임하다 : 의무(책무)를 부과하다.

[3]Clave : ① Es un hombre que hace vestidos para la gente.
② El paño es hecho de lana.

58

Profesor : 모자 제조자와 신발 제조자는 우리 마을에 산단다. 모자 판매상의 가게는 모자집이고, 신발판매상의 가게는 제화점이지. 모자 제조자는 머리를 위해 일하고, 신발 제조자는 발을 위해 일하는 것이지.

Alumno : 선생님은 몇 켤레의 구두를 가지고 계세요?

Profesor : 난 두 켤레의 구두와 한 켤레의 부츠가 있단다.

Alumno : 옷을 여러 벌 가지고 계신가요?

Profesor : 난 4개의 바지와 2개의 조끼가 있지.

Alumno : 'Chaleco'가 뭔지 모르겠는데요?

Profesor : 'Chaleco'가 거기에 있지.

Alumno : 선생님은 왕자님처럼 옷을 입었어요. 왕자님이 왕인가요?

Profesor : 왕은 왕자님이지, 하지만 왕자님은 항상 왕은 아니란다.

Alumno : 미국에는 왕이 있나요?

Profesor : 없단다. 결코 공화국에는 왕이 없단다. 정부관료들은 한정된 시간동안 사람들에 의해 선출된단다. 공화국 정부의 수장은 대통령이란다. 브라질에서 정부 수장은 황제였었단다. 왜냐하면 브라질은 제국이었단다. 제국은 황제에 의해 통치가 되는 나라란다. 왕국은 왕에 의해서 통치가 되는 국가란다.

Alumno : 어떤 왕국들이 유럽에 있죠?

Profesor : 영국, 벨기에, 네덜란드, 스페인, 포르투갈, 이탈리아, 덴마크, 스웨덴, 노르웨이 그리고 여러 다른 나라들의 왕국이 있지.

Alumno : 어떤 제국이 있죠?

Profesor : 독일, 러시아, 오스트리아 제국이 있지.

Alumno : 유럽에 가보셨나요?

Profesor : 아니, 한 번도 안 가봤단다.

Alumno : 유럽에 공화국이 있나요?

Profesor : 응, 큰 공화국이 있지. 프랑스 공화국과 다른 더 작은 스위스 공화국이 있지.

Alumno : 스위스는 뛰어난 무엇이 있죠?

Profesor : 지구에서 가장 산이 많은 나라란다. 스위스 국민들은 프랑스, 독일, 그리고 이탈리아어를 말한단다. 왜냐하면 그 나라는 프랑스, 독일 그리고 이탈리아 사이에 위치하고 있기 때문이야.

Undécima Lección

✏️ 해설 : • Los gobernantes son elegidos por el pueblo por un tiempo limitado.

　정부 관료들은 제한된 시간동안 사람들에 의해 선출된다.

→ '주어 + ser + ~ado / ~ido(과거분사) + por 행위자'의 구조는 수동태를 나타낸다. 단, 스페인어에서는 이 형태 외에 동사 앞에 'me / te / se / nos / os / se'를 붙여 수동태의 의미를 나타내기도 한다.

예) La puerta se abre a las nueve.

　문은 9시에 열린다.

✿ 행위자를 나타내야 할 경우는 'ser + 과거분사'의 구조를 선호하며, 행위자를 나타낼 필요가 없을 때는 '예)'와 같이 사용함.

• Los habitantes de Suiza hablan francés, alemán e italiano.

　스위스 사람들은 프랑스어, 독일어 그리고 이탈리아어를 말한다.

→ 'e italiano'의 'e'는 연결사 'y'의 변형 형태인데, 뒤에 따라오는 명사가 동일한 발음이 될 경우에만 형태를 변형시킨다.

예) Padre e hijo 아버지와 아들

✒️ 어휘 : jamás 결코~ 아니다 / la república 공화국 / el Presidente 대통령 / el emperador 황제 / el imperio 제국 / Holanda 네덜란드 / Dinamarca 덴마크 / Suecia 스웨덴 / Noruega 노르웨이 / Nunca 결코 ~아니다 / Suiza 스위스 / situado 위치한 / las botas 장화, 부츠 / las sandalias 샌들

[1]쌍 : 같은 종류의 두 개의 사물 또는 두 사람의 결합.

[2]부츠 : 다리의 일부분 또는 발을 보호하는 일반적으로 가죽 재질의 신발.

[3]Clave : ① Es la prenda de vestir, sin mangas que cubre hasta la cintura y se pone encima de la camisa.

② Los reinos de Inglaterra, de Bégica, de Holanda, de España, de Portugal, de Italia, de Dinamarca, de Suecia y Noruega, y varios otros.

쉬어가기-9

뽀로로 스페인어 판으로 공부하기!

※ http://www.youtube.com에서 『Pororo Ep. 01』를 쳐보면 『Somos amigos』라는 제목으로 나옵니다.
   (다음 주소로는 직접 접속이 가능합니다. http://www.youtube.com/watch?v=-FGTvAd1GK0)
※ 동영상을 보면서, 밑줄 친 빈칸에 들리는 말을 써 넣으시오.

Pororo : Hola
       Somos Amigos.

(Narración)

En un pequeño pueblo de un (1)__________ país, vivía en el (2)__________ un pingüino llamado Pororo.

Pororo : ¡Hola! Me llamo Pororo.
       ¿Qué es esto?
       Es un (3)__________.

(Narración)

Pororo tenía (4)__________, __________ un huevo a su casa.

¡Wow! un dinosaurio (5)__________ del huevo.

Pero Pororo piensa que el bebé dinosaurio es un terrible (6)__________.

Amigos : ¡Hola! Pororo. ¿Cómo estás?

Pororo : ¡Hola, Amigos!

Amigos : ¡Pororo! ¿Qué estás (7)__________?
       ¡Pororo, Nosotros también (8)__________!

Pororo : ¡Hola! Me llamo Pororo ¿y tú?

Dinosaurio : Crong

Pororo : ¿Crong? ¡Hola, Crong! (9)__________ en conocerte.

Amigos : ¡Hola! Mucho gusto.

(Narración)

El día de hoy el pequeño pengüino (10)__________ amigo de un bebé dinosaurio llamado Crong.

[Clave]
(1) frío (2) bosque (3) huevo (4) hambre, llevó (5) salió
(6) monstruo (7) haciendo (8) jugamos (9) Gusto (10) se hizo

Duodécima Lección

 **Gramática básica**

■ **Gerundio**

평서문			
yo estoy	hablando	comiendo	viviendo
tú estás	hablando	comiendo	viviendo
él(ella) está	hablando	comiendo	viviendo
nosotros estamos	hablando	comiendo	viviendo
vosotros estáis	hablando	comiendo	viviendo
ellos(ellas) están	hablando	comiendo	viviendo

의문문				
¿estoy	hablando	comiendo	viviendo	yo?
¿estás	hablando	comiendo	viviendo	tú?
¿está	hablando	comiendo	viviendo	él(ella)?
¿estamos	hablando	comiendo	viviendo	nosotros?
¿estáis	hablando	comiendo	viviendo	vosotros?
¿están	hablando	comiendo	viviendo	ellos(ellas)?

🏁 **Memoria :** 진행형 형태 자체로 볼 때, 영어와 가장 큰 차이가 형용사로 사용되지 않는다는 것임. 그리고 estar동사 이외에 다른 동사(ir, venir, seguir, continuar)와 어울려서 진행형을 나타내는 경우가 자주 있음.

① El hombre que está leyendo la novela es mi padre.
② Los chicos están jugando al fútbol.
③ La profesora está tomando la guitarra.
④ Las hojas van perdiendo su verdor.
⑤ Vengo observando sus actos.
⑥ Siguen estudiando el español en el mismo instituto.
⑦ Continúa nevando.

 02 Gramática aplicada al examen

※ 이 파트는 학습이 완료된 이후, 복습차원에서 보는 페이지임.

1

Los alumnos están _________ la composición en español.

① escrito　　② analizando　　③ leen　　④ escriben　　⑤ tomado

👤 해석: 학생들은 스페인어로 된 작문을 분석하고 있다.

2

_________ el trabajo, pudo salir a tiempo.

① Haber terminado　　② Al terminando　　③ Estar terminando

④ Habiendo terminado　　⑤ Ser terminado

👤 해석: 일을 끝내고, 정시에 나갈 수 있었다.

3

_________, salió de la oficina.

① Decírmelo　　② Diciéndomelo　　③ Me lo decir

④ Deciéndomelo　　⑤ Díchomelo

👤 해석: 내게 그것을 말하면서, 사무실에서 나갔다.

정답: 1 ② 2 ④ 3 ②

Duodécima Lección

59

Alumno : Aquí tenemos una escalera en el interior de una casa. Una casa tiene generalmente varios pisos(= altos), y para ir de un piso a otro necesitamos escaleras.

Profesor : En cada piso hay varios cuartos. En Seúl hay edificios que tienen cinco, seis, y hasta sesenta y tres pisos, pero las casas de vivienda tienen generalmente tres o cuatro pisos. Las casas en el campo tiene de uno a dos pisos.

Alumno : ¿Qué son la cocina y el comedor? ¿Están la cocina y el comedor en el piso interior de las casas en la ciudad?

Profesor : Sí, además, en los pisos están el salón, la biblioteca para los libros, los cuartos de dormir, y varias otras piezas de más o menos utilidad. ¿Comprendes estas palabras?

Alumno : No, profesor, no comprendo las palabras cocina y comedor.

Profesor : La 'cocina' es la pieza donde el cocinero o la cocinera prepara nuestra comida(= nuestros alimentos). El 'comedor' es la sala destinada para comer. En el texto al principio del próximo párrafo, vemos a toda la familia reunida en el comedor.

[1]cómodo : Serie de escalones que sirven para subir a los pisos de un edificio o a un plano más elevado, o para bajar de ellos.

[2]piso : Conjunto de habitaciones que constituyen vivienda independiente en una casa de varias alturas.

📖 Pregunta: ① ¿Qué son la cocina y el comedor?

60 **Profesor** : Una de las primeras y más esenciales
de nuestras necesidades es el alimento,
y para satisfacer esta necesidad,
el hombre halla en la naturaleza
una multitud de árboles y de plantas.

Aquí vemos a una mujer que lleva leche al mercado, y la otra
mujer sentada está ocupada con la vaca.

Alumno : ¿Qué hace la mujer?

Profesor : Ella está ordeñando la vaca. La leche de los animales
domésticos, como la vaca, la cabra y la oveja nos ofrecen
un alimento sencillo y natural.

Alumno : ¿Cómo es la leche de la vaca?

Profesor : La leche de la vaca es la mejor, y es muy buena con el café. De
la leche hacemos mantequilla y queso para comer con el pan.

Alumno : ¿Qué hace la mujer con la leche?

Profesor : Allí vemos a una mujer que está haciendo mantequilla.
Los americanos hacen un comercio de exportación muy
importante con la mantequilla y el queso.

Alumno : ¿Qué nos proporcionan los animales además de la leche?

Profesor : La carne de muchos animales nos proporciona variados
alimentos muy propios para reparar y aumentar las fuerzas.

[1]alimento : Conjunto de cosas que el hombre y los animales comen o
beben para subsistir.

[2]proporcionar : Disponer y ordenar algo con la debida correspondencia
en sus partes.

Pregunta: ① ¿Cómo es la leche de la vaca?

② ¿Qué nos proporcionan los animales además de la leche?

Duodécima Lección

Alumno : El pan es el alimento general del
hombre. El panadero hace el pan.
¿Dónde lo vende el panadero?

Profesor : Él lo vende en su tienda o panadería.

Alumno : Vemos a un hombre al pie de la escalera.
El hombre se prepara a subir al piso superior. ¿Dónde está su
pie? Y ¿qué coge con la mano?

Profesor : Él tiene un pie derecho en el primer escalón de la escalera, y
la mano derecha en el pasamano.

Alumno : ¿Quién es él? Y ¿quién es ella detrás de él?

Profesor : Él es criado, y ella es criada.

Alumno : ¿Qué quiere decir 'Criada y Criado'?

Profesor : Una criada o un criado es una persona que sirve por salario.
En las casas grandes hay varios criados y criadas, como en los
almacenes hay varios dependientes, pero los dependientes
no son criados.

[1] pan : Porción de masa de harina, por lo común de trigo, y agua que se cuece
en un horno y sirve de alimento.

[2] salario : Paga o remuneración regular.

Pregunta: ① ¿Qué quiere decir 'Criada y Criado'?

62　**Profesor** : Aquí está una criada. Ella es una
niñera o criada que cuida a los niños.
La niñera está bañando al niño.
El niño está muy contento en el agua.
Los baños son muy saludables.

Alumno : Los muchachos de nuestra escuela se bañan en el río, pero yo
prefiero bañarme en agua salada.

Profesor : 'Agua salada' quiere decir el mar, ¿no?

Alumno : ¿Qué es 'mar'?

Profesor : 'Mar' es una porción de agua salada menos considerable que
el océano. Y 'río' es una corriente grande de agua. Aquí están
algunos muchachos bañándose en un lago.

Alumno : ¿Qué es 'lago' exactamente?

Profesor : 'Lago' es una extensión de agua rodeada de tierra. El agua de
los lagos es generalmente dulce; el agua del mar es salada.
El agua de los ríos es también dulce.

Alumno : ¿No ve Ud. un perro en el agua?

Profesor : Sí, señor, veo la cabeza de un perro negro. Es un perro de Juan.
Los perros de Juan nadan muy bien.

[1]dulce : Que no es agrio o salobre, comparado con otras cosas de la misma
especie.

[2]salado : Que tiene más sal de la necesaria.

Pregunta: ① ¿Qué es 'mar'?

② ¿Qué es 'río'?

③ ¿Qué es 'lago'?

Duodécima Lección

59

Alumno : 여기 집 내부의 계단이 있네요. 집은 일반적으로 여러 층으로 되어 있습니다. 그리고 한 층에서 다른 층으로 가기 위해서는 계단이 필요합니다.

Profesor : 각 층에는 여러 방이 있겠지. 서울에서는 5, 6 그리고 63층까지도 가지고 있는 건물들이 있단다. 하지만, 거주하는 집들은 일반적으로 3층 또는 4층으로 되어 있다. 시골에 있는 집들은 1층에서 2층으로 되어 있습니다.

Alumno : 부엌과 식당은 무엇이죠? 도시의 집 내부에 부엌과 식당이 있습니까?

Profesor : 응, 이외에 아파트들에는 거실, 책을 위한 도서관, 침실들 그리고 여러 다른 편의시설이 있단다. 이 어휘들을 이해하니?

Alumno : 아뇨, 선생님. 'cocina'와 'comedor'를 이해하지 못하겠습니다.

Profesor : 'cocina'는 우리의 요리를 준비하는 요리사가 있는 장소의 설비이다. 'comedor'는 식사를 위해 지정된 공간이다. 다음 문단의 초엽에 있는 글에서 우리는 식당에서 모여 있는 모든 가족을 볼 것이다.

해설 : • Hay edificios que tienen cinco, seis y hasta sesenta y tres pisos.
5, 6층 그리고 63층까지 가지고 있는 빌딩들이 있다.
→ piso는 '건물의 층'을 나타내며, 상황에 따라서는 '아파트'의 의미로도 사용된다. hasta는 '~까지(도)'라는 의미를 가지고 있는 부사처럼 사용되는 전치사이다.

• La cocina es la pieza donde el cocinero o la cocinera prepara nuestra comida. 부엌은 요리사가 우리의 음식을 준비하는 장소로서의 부분이다.
→ pieza는 '부품이나 조각'의 의미를 가지고 있지만, 뒤에 관계부사 donde의 선행사로서 '작은 공간'을 의미한다. donde는 en que로 바꿔 쓸 수 있다.

※ 마지막 대화의 내용 중 "다음 문단 ~ 볼 것이다." 는 단순한 설정임으로 양해바랍니다.

어휘 : la escalera 계단 / el interior 내부 / el piso 층; 아파트 / el cuarto 방 /
la vivienda 주거지 / el campo 시골, 들판; 운동장 / la cocina 부엌 /
el comedor 식당 / la ciudad 도시 / además 이외에 / el salón 거실 /
la biblioteca 도서관 / dormir 자다 / la pieza 부품, 작은 공간 /
la utilidad 편의(성) / destinado 목표한 / próximo 다음의 / el párrafo 문단 /
preparar 준비하다 / la comida 음식 / la familia 가족 / reunido 모인

¹계단 : 건물의 층들로 또는 더 높이 있는 면들로 올라가거나 또는 그곳으로부터 내려가기
　위해 사용되는 일종의 계단 (발)판들.

²층 : 여러 높이의 집에 독립적으로 주거지를 구성하는 방들의 결합.

³Clave : ① La cocina es la pieza donde el cocinero o la cocinera prepara
　nuestra comida. El comedor es la sala destinada para comer.

60

Profesor : 우리가 필요로 하는 것 중에 우선순위에 있으며 가장 필요한 것 중 하나는 음
식이겠지. 그럼, 이러한 필요한 것을 만족시키기 위해 사람은 수많은 나무와
식물을 자연 속에서 찾는 거지. 여기 시장에 우유를 가져가는 여자를 봐라.
그리고 소와 함께 앉아있는 다른 여자는 바쁘단다.

Alumno : 여자는 무엇을 하죠?

Profesor : 그녀는 소젖을 짜고 있단다. 소, 염소, 양처럼 가축의 우유는 간단하고 자연
적 식량을 우리에게 제공하고 있단다.

Alumno : 소의 우유는 어떻죠?

Profesor : 소의 우유는 매우 좋지, 그리고 커피와 함께하면 매우 좋단다. 우유로부터
우리는 빵과 함께 먹을 버터와 치즈를 만들잖니.

Alumno : 여자는 우유를 가지고 무엇을 만들죠?

Profesor : 저기 우리는 버터를 만들고 있는 여자를 볼 수 있다. 아메리카 사람들은 버
터와 치즈를 가지고 매우 중요한 수출 상품을 만든단다.

Alumno : 우유 이외에 동물들은 우리에게 무엇을 제공하죠?

Profesor : 많은 동물들의 고기는 우리에게 힘을 보충하고, 올릴 수 있는 여러 가지 그
자체의 영양을 제공해 준단다.

🖋 해설 : • Una de las primeras y más esenciales de nuestras necesidades es el
alimento. 우리의 필요한 것들 중에 가장 필수적이고 우선순위에 있는 것 중
에 하나가 음식이다.
　→ primeras는 '첫 번째에 있는 것들'이란 의미로 '우선순위에 두고 있는 것
들'을 의미함. '관사 + más + 명사 de + 무리/장소'의 구조는 '최상급을 의
미'하는 형태임.

• La carne de muchos animales nos proporciona variados alimentos
muy propios para reparar y aumentar las fuerzas.
많은 동물들의 고기는 우리에게 (원기를) 회복하고, 힘을 증진시키기 위해 매우
(좋은) 본연의 여러 음식들을 제공한다.

Duodécima Lección

→ propio는 '고유의, 본연의'라는 의미를 가지고 있는데, 이는 '좋은 성질'을 가지고 있다는 것을 상징한다.

✎ 어휘 : esencial 필수의 / la necesidad 필요성 / el alimento 음식 / el americano 아메리카 대륙 사람 / satisfacer 만족시키다 / hallar 찾다 / la naturaleza 자연 / la multitud 다양(성) / la planta 식물 / llevar 가져가다 / la leche 우유 / el mercado 시장 / la vaca 소 / ordeñar 젖을 짜다 / doméstico 집의, 국내의 / la cabra 염소 / la oveja 양 / el café 커피 / la mantequilla 버터 / el queso 치즈 / el pan 빵 / proporcionar 제공하다 / variados 다양한 / propio 본연의 / reparar 수선하다 / aumentar 증가시키다 / la fuerza 힘

[1] 식량 : 사람이나 동물이 존속하기 위해 먹거나 또는 마시는 것들의 총칭.

[2] 균형을 맞추다 : 자체의 부분들 속에 마땅히 상응해야할 것을 가지고 무엇인가를 배치하거나 정돈하는 것.

[3] Clave : ① Es la mejor, y es muy buena con el café. De la leche hacemos mantequilla y queso para comer con el pan.
② Es la carne para proporcionar variados alimentos muy propios para reparar y aumentar las fuerzas.

61

Alumno : 빵은 사람의 일반적인 식량이지. 제빵사는 빵을 만들지. 제빵사는 어디서 그것을 팔죠?

Profesor : 그는 그의 가게 즉 빵집에서 그것을 팔지.

Alumno : 우리는 계단에 걸어가는 남자를 볼 수 있는데요. 그 남자는 윗 층으로 올라가기 위해 준비하고 있습니다. 그의 발은 어디에 있는 거죠? 그리고 손으로 무엇을 잡고 있는 거죠?

Profesor : 그는 층계의 첫 번째 계단에 오른 발이 있고, 손잡이에 오른 손이 있단다.

Alumno : 그는 누구죠? 그리고 그의 뒤에 있는 여자는 누구죠?

Profesor : 그는 하인이고, 그녀는 하녀이다.

Alumno : 'Criada와 Criado'는 무슨 뜻이죠?

Profesor : 'Criada 또는 Criado'는 월급을 받으며 일하는 사람들이란다. 큰 집들에는 상점에 여러 점원이 있는 것처럼 여러 명의 하인과 하녀가 있지. 그러나 점원들이 하인들은 아니란다.

🖋 해설 : • El hombre se prepara a subir al piso superior.
윗 층으로 올라가려고 남자는 준비한다.
→ preparar '준비하다'라는 의미로 타동사이다. 하지만 이 문장에서는 재귀형
을 사용하여 자동사의 형태로 변형하였고, 'prepararse a + 동사원형'으로
'~하려 준비하다'라는 의미로 사용되었다.

• Él tiene un pie derecho en el primer escalón de la escalera.
그는 계단의 첫 번째 칸에 오른 발을 올려 놓았다.
→ 상황적 묘사를 한 것으로 tener un pie는 '발을 올려놓은' 모습이다.

🖋 어휘 : vender 판매하다 / el panadero 제빵사 / la panadería 빵집 / la escalera 계단 /
preparar 준비하다 / subir 오르다 / superior 위쪽의, 월등한 / coger 잡다 /
el escalón (계단의) 칸 / el pasamano (계단) 손잡이 / detrás de ~의 뒤에 /
el criado 하인(남) / el salario 월급, 급료 / el almacén 창고(pl. 백화점)

[1]빵 : 오븐에 구울 수 있고 식량으로 역할을 하는 물과 일반적인 밀가루 반죽의 분량.

[2]급료 : 지불 또는 정기적인 보상.

[3]Clave : ① La cirada o el criado es una persona que sirve por salario. En las
casas grandes hay varios criados y criadas como en los almacenes
hay varios dependientes.

62 Profesor : 여기 하녀 한명이 있단다. 그녀는 아이를 돌보는 유모란다. 유모는 아이를
씻기고 있지. 아이는 물속에 있는 것을 매우 좋아한단다. 목욕은 매우 건강
에 좋은 것이지.

Alumno : 우리학교의 아이들은 강에서 수영을 하죠. 하지만 전 짠물에서 수영하는 것
을 선호합니다.

Profesor : '짠물(Agua salada)'은 바다를 의미하는 거지? 아니니?

Alumno : 'Mar'가 뭐죠?

Profesor : 'Mar'는 대양보다 비교적 덜 짠물의 분량이겠지. 그리고 "강"은 물의 많은 흐
름이란다. 여기 호수에서 수영하는 몇 명의 아이들이 있단다.

Alumno : 'Lago'는 정확히 뭐죠?

Profesor : 'Lago'는 땅으로 둘러 싸여있는 넓은 범위의 물이지. 호수의 물은 일반적으
로 담수란다. 바닷물은 짜겠지. 강의 물도 역시 담수란다.

Alumno : 선생님은 물에 있는 개를 보지 못하셨나요?

Profesor : 응, 검은 개의 머리가 보이네. 후안의 개란다. 후안의 개는 수영을 매우 잘하지.

Duodécima Lección

✎ 해설 : • 'Agua salada' quiere decir el mar.
'짠물'은 바다를 의미한다.
→ querer decir는 '〜의미하다'라고 사용된다.

• El agua de los ríos es también dulce.
강물은 역시 담수이다.
→ dulce는 형용사로 '단(맛)'이지만, 물의 종류를 얘기할 때는 '담수'의 의미가 있다.

✎ 어휘 : la niñera 유모 / bañar 목욕시키다 / contento 만족한 /
saludable 건강에 좋은 / el río 강 / preferir 선호하다 / salado 짠 /
el mar 바다 / la porción 분량 / considerable 상당한 / el corriente 흐름 /
el lago 호수 / la extensión 범위 / redeado 둘러싸인 / el perro 개 /
dulce 단, 담(수) / la cabeza 머리 / nadar 수영하다

[1]달콤한 : 같은 종류의 다른 것들과 비교해서 싱겁거나 짜지 않은 것.

[2]짠 : 필요 이상의 더 많은 소금을 가지고 있는 것.

[3]Clave : ① Es una porción de agua salada menos considerable que el océano.
② Es una corriente grande de agua.
③ Es una extención de agua rodeada de tierra.

쉬어가기-10

스페인어권 나라의 수도이름은 알고 있나요?

①	España	Madrid
②	México	la Ciudad de México
③	Guatemala	la Ciudad de Guatemala
④	El Salvador	San Salvador
⑤	Honduras	Tegucigalpa
⑥	Nicaragua	Managua
⑦	Costa Rica	San José
⑧	Panamá	la Ciudad de Panamá
⑨	Cuba	la Habana
⑩	República Dominicana	Santo Domingo
⑪	Venezuela	Caracas
⑫	Colombia	Bogotá
⑬	Perú	Lima
⑭	Bolivia	La Paz
⑮	Chile	Santiago
⑯	Paraguay	Asunción
⑰	Uruguay	Montevideo
⑱	Puerto Rico	San Juan

Lista de las
palabras

Lista de las palabras

[A]

a   at, to ◆ ~에, ~로

abertura   opening ◆ 벌어짐, 틈새; 균열

abierto   open ◆ 열린
- a pecho abierto   숨김없이
- con los brazos abiertos   진심으로

abogado   lawyer ◆ 변호사

abreviar   abbreviate ◆ 간추리다, 요약하다

abreviatura   abbreviation ◆ 약어, 요약
- en abreviatura   약어로; 간략하게

abrigo   protection, jacket ◆ 외투, 자켓; 보호
- al abrigo de~   ~의 은덕으로; ~의 도움을 받아

abril   April ◆4월

abrir   to open ◆열다

absorbente   absorbent ◆흡수하는, 흡수성의

abuelo   grandfather ◆할아버지

abundar   abound ◆~이 많이 있다
- Lo que abunda no daña   풍족하다는 것은 해가 되지 않는다.

acabar   finish ◆끝내다

acabar de   have just ◆막 ~끝내다

académico   academic ◆아카데믹한, 학술적인

a cambio de   in exchange for ◆~ 대신에

accidente   accident ◆사고, 사건
- por accidente   우연히

acento   accent ◆강세

acercarse   approach ◆다가가다

a comienzos de   in the beginning of ◆~초반부에

acompañar   accompany ◆같이가다, 동반하다

acordarse de   remember ◆기억하다
- acordarse con   ~와 결의하다, 내통하다
- El traidor se acuerda con los contrarios   배반자는 적들과 내통한다.

a costarse   go to bed ◆자다, 잠이 들다

activo	active ◆ 활동적
adelante	ahead, farther off ◆ 앞으로, 전진
↪ de hoy en adelante　오늘이후	
además	besides ◆ 더욱이, 게다가
↪ además de　～이외에	
↪ Además de ser caro, es malo　비싼 것 이외에 나쁘다.	
adiós	good-bye ◆ 잘가, 안녕
adjetivo	adjective ◆ 형용사
admisión	admission ◆ 용인, 받아들임; (입장) 허가
adónde	to where ◆ 어디로
aduana	customhouse ◆ 세관
↪ derechos de aduana　관세	
adverbio	adverb ◆ 부사
aeropuerto	airport ◆ 공항
↪ aeropuerto civil　민자 공항	
afeitarse	shave ◆ 면도하다
afición	hobby ◆ 취미
↪ de afición　취미로	
↪ Ella pinta de afición　그녀는 취미로 그림을 그린다.	
a finales de	at the end of ◆ 후반부에, 말엽에
afirmativo	affirmative ◆ 긍정의, 근정적인
afortunado	lucky ◆ 행운의
africano	African ◆ 아프리카인
agencia de viaje	travel agency ◆ 여행사
agente	agent ◆ 중계업자, 대리업자
agosto	August ◆ 8월
agradable	agreeable ◆ 즐거운, 기분좋은
agregar	attach ◆ 덧붙이다, 첨부하다
agricultura	agriculture ◆ 농업
agua	water ◆ 물
↪ agua potable　식수	
aguantar	bear ◆ 견디다, 참다
aguja	clock hands, needle ◆ 마늘, (시계) 바늘
ahí	there ◆ 거기, 그곳에
ahora	now ◆ 지금

◐ ahora mismo   지금 당장

◐ por ahora   지금으로서는, 우선은

aire   air ◆ 공기

◐ de buen[mal] aire   기분 안좋은

ajeno   somebody else's ◆ 타인의

al   at the, to the

◐ al + 동사원형 : ~할 때

◐ Al anochecer   해질녘에

◐ Al amanecer   동틀 때에

aldea   village ◆ 마을, 지역

aldeano   villager ◆ 마을 사람

al día   each day ◆ 매일(마다)

◐ Tomo la medicina 2 veces al día   하루에 두 번 약을 먹는다.

alegrarse   be happy ◆ 즐거워하다, 행복해하다

alegre   happy ◆ 즐거운, 행복한

alemán   German ◆ 독일인; 독일어

Alemania   Germany ◆ 독일

algo   something ◆ 어떤 것, 무엇

algodón   cotton ◆ 솜, 면화; 무명

algodonero   cotton plant ◆ 면 제조업자

alguno   some ◆ (긍정) 어떤

◐ sin duda alguna   아무 의심 없이

alimento   food ◆ 음식, 식량

allí   (over) there ◆ 저기, 저쪽에

almacén   store ◆ 창고

almuerzo   breakfast ◆ 아침식사

alojarse   stay ◆ 머무르다, 숙박하다

Alpes   the Alps ◆ 알프스산

alquiler   rent ◆ 차용, 대여

alternativa   alternative ◆ 교대, 교체

alto   tall, high ◆ 높은, 키 큰

alumbrar   light ◆ 조명하다

amable   kind ◆ 친절한

ama de casa   housewife ◆ 주부

amar   love ◆ 사랑하다

◐ Mi mamá ama a mi papá.   우리 엄마는 아빠를 사랑한다.

amarillo	yellow ◆ 노란색
ambiente	environment ◆ 환경; 분위기
americano	American ◆ 아메리카의; 미국의
amigo	friend ◆ 친구

➥ Los amigos están pescando.　친구들이 낚시를 하고 있다.

anciano	old ◆ 노인; 늙은
anclar	anchor ◆ 정박하다, 닻을 내리다
ancho	wide ◆ (폭) 넓은

➥ La calle es muy ancha.　길은 매우 넓다.

| Andalucía | Andalusia ◆ 안달루시아 |
| andar | walk ◆ 걷다 |

➥ Ellos andan en el parque.　그들은 공원에서 걷는다.

antes	before ◆ 전에
anteponer	place before ◆ 앞에 놓다
antiguo	old ◆ 오래된; 옛날의
antropología	anthropology ◆ 인류학
anular	ring finger ◆ 약지
añadir	add ◆ 보태다, 첨가하다
año	year ◆ 해, 연도
apacible	meek, gentle ◆ 평온한, 고요한
aparcar	park ◆ 주차하다

➥ Ellos aparcan en doble fila　그들은 이(2)열로 주차를 한다.

| apartado | isolated; P.O. Box ◆ 고립된; 우편번호 |

➥ Se mantuvo apartado de la vida pública　대중의 삶과 동떨어지게 지냈다.

| aparte | apart ◆ 떨어진, 나뉘어 있는 |

➥ Aparte de eso me encuentro bien　그것과는 달리 나는 잘 있다.

apasionante	exciting ◆ 약지
apellidar	call ◆ 보태다, 첨가하다
apenas	hardly ◆ 해, 연도
apetecer	long for ◆ 평온한, 고요한
apetito	appetite ◆ 주차하다

➥ Mi hermano come con buen apetito.　내 동생은 엄청난 식욕을 가지고 식사를 한다.

a pie	on foot ◆ 걸어서
aplicar	apply ◆ 적용하다, 응용하다
aposento	room ◆ 방; 숙박

apoyarse	lean on ◆ 의지하다, 기대다
apreciar	appreciate ◆ 평가하다, 존중하다
aprender	learn ◆ 배우다
aprobar	pass the exam ◆ 합격하다
a propósito	anyway ◆ 어쨌든
aprovechar	test ◆ 이용하다
aproximadamente	approximately ◆ 거의, 가까이
aquel	that ◆ 저(남성단수)
aquél	that one ◆ 저것(남성단수)
aquella	that ◆ 저(여성)
aquallos	those ◆ 저(남성복수)
aquellas	those ◆ 저(여성복수)
aquí	here ◆ 여기, 이곳에

➥ Aquí están los zapatos.　여기 구두들이 있다.

| árbol | tree ◆ 나무 |

➥ El árbol tiene muchas ramas.　나무는 많은 가지를 가지고 있다.

arbusto	shrub ◆ 관목, 덤불
aritmética	arithmetic ◆ 산수(算數)
armonioso	harmonious ◆ 조화를 이룬, 균형잡힌
Argentina	Argentina ◆ 아르헨티나
armario	furniture ◆ 가구; 장식장

➥ Los platos hondos están en el armario.　그릇은 장식장에 있다.

aromático	aromatic ◆ 향기로운
arrancar	pull out ◆ 뿌리째 뽑다; 시동을 걸다
arreglar	arrange ◆ 정리하다
arribar	arrive ◆ 도착하다; 입항하다
arroz	rice ◆ 쌀

➥ Me gusta el arroz con pollo.　닭고기를 곁들인 밥을 좋아한다.

arte	art ◆ 예술
artesanía	handicraft ◆ 수공업
artículo	handicraft ◆ 물건; 기사
artista	artist ◆ 예술가

➥ Ese artista exhibe sus pinturas en los museos de Barcelona.
그 예술가는 바르셀로나 박물관에 자신의 그림들을 전시한다.

| ascender | ascend ◆ 오르다, 승진하다 |

asfixiado | asphyxiated ◆ 기절한, 질식한

así | so, thus ◆ 그렇게, 그와 같이
↻ Así comen los españoles. 그렇게 스페인사람들이 식사한다.

asiento | seat ◆ 좌석

aspirar | aspirate ◆ 흡입하다, 들이 마시다

atar | tie ◆ 묶다

atender | take care of ◆ 시중들다, 조심하다

Atlántico | Atlantic ◆ 대서양

atractivo | attractive ◆ 매력적인

atravesar | cross ◆ 건너다, 횡단하다

aumentar | increase ◆ 증가하다, 늘다

auxiliar | auxiliary ◆ 돕다, 보조하다; 보조의

a veces | sometimes ◆ 때때로
↻ De vez en cuando 때때로

avenida | avenue ◆ 가로수 길
↻ El edificio está cerca de la avenida Sejong. 건물은 세종로 가까이에 있다.

azadón | large hoe ◆ 큰 괭이

azúcar | sugar ◆ 설탕
↻ El azúcar es dulce. 설탕은 달다.

azul | blue ◆ 파란색
↻ A veces el cielo está azul. 때때로 하늘은 파랗다.

[B]

bahía | bay ◆ (작은) 만(灣)

baile | dance ◆ 춤

bajo | under; low ◆ ~의 아래; 작은, 낮은
↻ El techo es bajo. 천장은 낮다.

balar | bleat ◆ (염소나 양이) 울다

balsámico | balsamic ◆ 진통 효과있는; 진통제

bancario | banking ◆ 은행의

banco | bank; bench ◆ 은행; 벤치

banquero	banker ◆ 은행가
banqueta	stool ◆ (등받이 없는) 걸상, 발판
bañar	bathe ◆ 목욕하다; 해수욕하다
◐ En casa nos bañamos por la noche.	집에서 우리는 밤에 목욕을 한다.
baño	bath ◆ 목욕탕; 화장실
◐ Ella está en el baño ahora.	그녀는 지금 화장실에 있다.
barato	cheap ◆ (값이) 싼
◐ Es un juguete barato.	싼 장난감이다.
barrera	fence ◆ 담장, 목책; 차단기
bastante	enough; quite ◆ 충분한; 아주
bastón	walking stick ◆ 지팡이
beber	drink ◆ 마시다
◐ La niña bebe leche.	여자 아이가 우유를 마신다.
Bélgica	Belgium ◆ 벨기에
bello	beautiful ◆ 아름다운
◐ El jardín es bello.	정원은 아름답다.
bestia	beast ◆ 짐승
biblioteca	library ◆ 도서관
bien	well ◆ 잘, 매우
◐ ¡Está bien! Juan puede jugar.	좋다! 후안은 경기를 할 수 있다.
bigote	mustache ◆ 콧수염
bisiesto	leap year ◆ 윤년의
blanco	white ◆ 흰색
boca	mouth ◆ 입
◐ Comes con tu boca.	네 입으로 먹어라.
bola	ball ◆ 공
bosque	forest; woods ◆ 숲; 삼림
◐ Hay muchos árboles en el bosque.	숲에는 많은 나무가 있다.
bota	boot ◆ 부츠
Brasil	Brazil ◆ 브라질
brazo	arm ◆ 팔
bueno	good ◆ 좋은
bujía	candle ◆ 초; 점화 플러그
buque	ship ◆ 배(船)
◐ El buque cruza el océano.	배는 대양을 횡단한다.

buscar   find ◆ 찾다
　　● Yo busco mi lápiz amarillo.　난 노란색 연필을 찾는다.
butaca   armchair ◆ 안락의자
buzón   mailbox ◆ 우체통, 우편함
　　● El cartero deja la carta en el buzón.　우체부는 우편함에 편지를 넣어 둔다.

[C]

caballero   gentleman ◆ 신사, 기사
caballo   horse ◆ 말(馬)
　　● a caballo　말을 타고.
cabello   hair ◆ 머리카락
cabeza   candle ◆ 머리
cabo   cape ◆ 곶, 갑(岬)
　　● llevar a cabo　이행하다, 실행하다
cabra   she-goat ◆ (암컷) 염소
cadena   chain ◆ 체인,사슬; 채널
　　● en cadena　연속적으로
café   coffee ◆ 커피
calcular   calculate ◆ 계산하다
cálculo   calculation ◆ 계산
cálido   warm ◆ 더운, 뜨거운
caliente   hot ◆ 뜨거운
　　● La sopa está caliente.　스프가 뜨겁다.
calor   heat ◆ 더위, 열
　　● calor canicular　혹서, 무더위
calle   street ◆ 거리, 길
　　● Yo vivo en esa calle.　난 그 거리에 산다.
camino   road; way ◆ 길, 도로
　　● El camión va por el camino.　트럭은 길로 간다.
campo   country ◆ 시골; 경기장
　　● El campo de recreo　운동장

can	dog ◆ 개
candelero	candlestick ◆ 촛대
cansado	tired ◆ 피곤한
cantar	sing ◆ 노래하다

    ➲ ¿Sabes cantar?　노래할 줄 알아?

cantidad	quantity ◆ 양(量)
canto	singing, song ◆ 노래
caña	sugar cane ◆ 사탕수수, 갈대; 맥주 잔
cara	face ◆ 얼굴

    ➲ cara a cara　얼굴을 맞대고
    ➲ de cara　정면으로

carbón	coal ◆ 석탄, 목탄
cardenal	cardenal ◆ 추기경; 타박상, 멍
carne	meat ◆ (육류) 고기, 살

    ➲ Él también es de carne y hueso　그도 사람의 자식이다.

carnicería	meat market ◆ 정육점
carnicero	butcher ◆ 정육점주인
carpintero	carpenter ◆ 사목수
carretilla	wheelbarrow ◆ 손수레
carril	rail ◆ 레일; 차로
carro	car ◆ 자동차

    ➲ El carro va a 80 kilómetros por hora　차는 시속 80으로 달린다.

| carruaje | carriage ◆ 차, 탈것 |
| casa | house ◆ 집; 가정 |

    ➲ En nuestra casa, mi papá es rey.　우리 집에서는 아빠가 왕이다.

| casado | married ◆ 결혼한, 기혼의 |
| casi | almost ◆ 거의 |

    ➲ Casi tiene doce años.　거의 12살이다.

castellano	Castilian; Spanish ◆ 카스티야인; 스페인어
caucásico	Caucasian ◆ 코커스인(의)
cavar	dig ◆ (땅을) 파다
ceder	cede; yield ◆ 양보하다
celeste	celestial ◆ 하늘의; 하늘색의
cena	supper ◆ 저녁 식사
centro	center ◆ 중앙, 중심지

| cerca | near ◆ 가까이 |

   ◐ cerca de   ~의 가까이

| cereza | cherry ◆ 버찌, 체리 |

   ◐ Me gusta mucho el pastel de cereza.   난 체리 파이를 너무 좋아한다.

| cerrar | close; shut ◆ 닫다 |

   ◐ Cierran las puertas de la escuela a las cuatro.   4시에 학교 문을 닫는다.

| chaleco | vest ◆ 조끼 |

| chimenea | chimney ◆ 굴뚝; 벽난로 |

   ◐ Hay un fuego en la chimenea.   벽난로에 불이 있다.

| chino | Chinaman ◆ 중국인(의); 중국어 |

| choza | hut ◆ 오두막 |

| ciego | blind ◆ 장님; 눈먼 |

   ◐ a ciegos   맹목적으로

| cielo | sky ◆ 하늘 |

   ◐ a cielo abierto   노천에서, 야외에서

| cien(to) | one hundred ◆ 백(개) |

   ◐ cien por cien   완전히

| cierto | certain ◆ 어떤; 확실한 |

   ◐ por cierto   분명히

| ciudad | city ◆ 도시, 시 |

   ◐ ciudad satélite   위성도시

| claridad | clearness ◆ 맑음, 환함, 밝음 |

| claro | clear ◆ 밝은 |

   ◐ de claro en claro   명명 백백하게

| clase | class ◆ 교실; 종류, 부류 |

   ◐ Me gusta la clase de español.   난 스페인어 수업이 좋다.

| clásico | classic ◆ 고전의, 고전적인 |

| cobre | copper ◆ 동(銅) |

| cocina | kitchen ◆ 부엌 |

| cocinero | cook ◆ 요리사 |

| coche | car; coach ◆ 자동차; 마차 |

   ◐ La reina está en el coche.   여왕이 마차에 있다.

| cochero | driver ◆ 마차꾼, 마부; 차의 마차의 |

| codiciar | covet ◆ 탐내다, 욕심내다 |

| coger | gather, get ◆ 잡다, 붙잡다; (차에) 타다 |

colegio	college ◆ 학교, 대학교
colina	hill ◆ 언덕
colgar	hang ◆ 걸다; (전화를) 끊다
colocar	place ◆ 두다, 배치하다
colorado	red ◆ 붉은; 색깔이 있는
comedor	dining room ◆ 식당

↪ La familia come en el comedor.　가족은 식당에서 밥을 먹는다.

comer	eat ◆ 먹다
comerciante	merchant ◆ 상인
comercio	commerce ◆ 상업
comida	food, dinner ◆ 식사, 저녁식사

↪ La comida está en la mesa.　식사[음식]는 테이블에 있다.

| como | as; like ◆ ～처럼, ～같이 |
| carretilla | wheelbarrow ◆ 손수레 |

↪ como si [+ 접속법과거]　마치 ～처럼

| cómo | how ◆ 어떻게 |
| cómodo | comfortable ◆ 안락한, 편안한 |

↪ El sillón es cómodo.　팔걸이의자는 편하다.

comparar	compare ◆ 비교하다
comparativo	comparative ◆ 비교(급); 비교의
completo	complete ◆ 완전한
compra	purchase ◆ 구매, 구입
comprar	purchase; buy ◆ 구매하다, 구입하다

↪ Se compra pan en la panadería.　빵집에서 빵을 산다.

| comprender | understand ◆ 이해하다 |
| común | common ◆ 일반의, 보통의 |

↪ sentido común　상식
↪ en común　공통으로, 공동으로

con	with ◆ ～와 함께, 가지고
conceder	concede ◆ 주다, 양도하다
confesar	confess ◆ 고백하다, 자백하다
confianza	confidence ◆ 신용, 신뢰
congelar	freeze ◆ 얼리다; 동결하다
conjunto	aggregate; reunion ◆ 덧붙이다;(총)합
conocer	know ◆ 알다

➥ Nosotros conocemos la ciudad de Madrid.   우리는 마드리드를 방문한다.

conocimiento	knowledge ◆ 지식
conservar	preserve ◆ 유지하다
consonante	consonant ◆ 자음
construir	construct; build ◆ 건설하다
consultar	consult ◆ 상담하다, 조언하다
consumir	consume ◆ 소비하다
contar	count ◆ 세다; 이야기하다
contemplar	contemplate ◆ 심사숙고하다
contener	contain ◆ 포함하다
contento	content ◆ 만족한

➥ Los alumnos están contentos porque van al parque.   아이들은 공원에 가기 때문에 만족한다.

continente	continent ◆ 대륙
contra	against ◆ ~대항한
contrario	contrary; opposite ◆ 반대의
conversar	converse ◆ 대화하다
convidar	invite ◆ 초대하다
coro	choir ◆ 합창
corpulento	corpulent ◆ 비만인
correa	strap ◆ 가죽 끈, 혁대
correspondencia	correspondence ◆ 대응
corresponder	correspond ◆ 상당하다, 대응하다
correspondiente	corresponding ◆ 대응하는
correr	run ◆ 뛰다

➥ Los alumnos corren en el campo de recreo.   학생들은 운동장에서 달린다.

| cortar | cut ◆ 자르다, 베다 |

➥ El señor corta la hierba.   그 남자가 풀을 벤다.

cosa	thing ◆ 사물
cosecha	harvest ◆ 수확
costa	coast ◆ 해안
crecer	grow ◆ 자라다

➥ Algunos niños crecen muy rápido.   몇몇 아이들은 매우 빠르게 성장한다.

| creer | believe ◆ 믿다 |

➥ No creo esa historia.   난 그 역사를 못 믿는다.

criado   servant ◆ 하인

cristal   crystal; glass ◆ 유리(잔)

cual   which ◆ (사물)관계대명사

cuando   when ◆ (시간)관계부사

　　● Cuando mis primos está en casa, jugamos al béisbol.
　　　우리 사촌들이 집에 있을 때, 우리는 야구를 한다.

cuánto   how much ◆ (수량)관계형용사

cuántos   how many ◆ (수량)관계형용사

cuarto   fourth; room ◆ 4번째; 방

cubrir   cover ◆ 덮다

　　● Las mujeres se cubren la cabeza cuando llueve.
　　　여자들은 비가 올 때 머리를 덮는다.

cuero   leather ◆ 가죽

　　● Para Navidad, quiero una chaqueta de cuero.
　　　크리스마스를 위해 난 가죽 자켓을 원한다.

cuerpo   body ◆ 몸, 신체

cuestión   question ◆ 질문

cuidar   take care ◆ 돌보다

cultivar   cultivate ◆ 재배하다

cultivo   cultivation ◆ 재배

curar   cure ◆ 치료하다

cuyo   whose ◆ (인칭, 사물)관계형용사

[D]

dar   give ◆ 주다

　　● Nos dan libros para leer en la bibliioteca.　　우리에게 도서관에서 읽을 책들을 준다.

de   of; from ◆ ～의; ～로부터

　　● Él llama de su casa.　　그는 그의 집에서 전화한다.

debajo de   under, below ◆ ～아래에

débil   weak ◆ 약한

　　● Hoy el muchacho está débil.　　오늘 아이가 상태가 안좋다.

décimo   tenth ◆ 10번째

decir   tell ◆ 말하다

◑ Nunca dicen "gracias".　　그들은 절대 "감사 합니다"라고 말하지 않는다.

dedo　　finger　◆ 손가락

◑ Ella indica con el dedo.　　그녀는 손가락으로 지적을 한다.

definido　　definite　◆ 뚜렷한, 명확한

dejar　　let　◆ ～하게 하다

◑ dejar de ［+동사원형］　～를 중지하다

del　　of the　◆ ～의

delante　　before　◆ ～전에

delicado　　delicate　◆ 미세한

demasiado　　too; too much　◆ 너무, 아주 많은

◑ El juguete cuesta demasiado.　　장난감은 무척 비싸다.

demostrativo　　demonstrative　◆ 지시사

dentadura　　set of teeth　◆ 치아

dentro　　inside, within　◆ 안쪽에

dependiente　　clerk, dependant　◆ 점원

depositar　　deposit　◆ 예금하다

derecho　　right, straight　◆ 오른쪽, 직진

derechos　　custom duties　◆ 권리

derivar　　derive　◆ 끌어내다, 유래하다

descansar　　rest; repose　◆ 쉬다

◑ Sancho nunca descansa.　　산초는 절대 쉬지 않는다.

desear　　wish　◆ 바라다

◑ ¿Qué deseas comer?　　뭘 먹고 싶니?

designar　　designate　◆ 표시하다

después　　after　◆ ～후에

◑ Después de la cena, vamos al cine.　　저녁식사 이후에 영화관에 가자.

detalle　　detail　◆ 세부, 세목

día　　day　◆ 하루, 일, 날

◑ Ellos celebran el Día de Año Nuevo.　　그들은 새해 첫날을 경축한다.

diciembre　　December　◆ 12월

diente　　tooth　◆ 이(齒)

◑ Le duele el diente.　　그는 이가 아프다.

diez　　ten　◆ 10

diferencia　　difference　◆ 차이

diferente　　different　◆ 다른

○ Es una historia diferente.   다른 역사이다.

difícil   difficult ◆ 어려운

○ Si estudias, no es difícil.   네가 공부한다면, 어렵지 않다.

diminutivo   diminutive ◆ 축소사

Dinamarca   Denmark ◆ 덴마크

dinero   money ◆ 돈

○ El muchacho tiene su dinero listo.   아이가 그의 돈을 준비하고 있다.

dirigir   guide ◆ 안내하다, 이끌다

discípulo   pupil ◆ 학생

disponer   dispose ◆ 배치하다

distancia   distance ◆ 거리

distante   distant ◆ 거리를 둔

depositar   deposit ◆ 예금하다

derecho   right, straight ◆ 오른쪽, 직진

derechos   custom duties ◆ 권리

derechos   custom duties ◆ 권리

derivar   derive ◆ 끌어내다, 유래하다

descansar   rest; repose ◆ 쉬다

○ Sancho nunca descansa.   산초는 절대 쉬지 않는다.

desear   wish ◆ 바라다

○ ¿Qué deseas comer?   뭘 먹고 싶니?

designar   designate ◆ 표시하다

distintamente   distinctly ◆ 명료하게

diversión   recreation ◆ 기분전환

divertir   amuse ◆ 즐기다

○ Ellos siempre se divierten en la playa.   그들은 항상 해변에서 즐긴다.

doméstico   domestic ◆ 가정의, 국내의

domingo   Sunday ◆ 일요일

dominio   dominion ◆ 지배(권)

don   Mr.(before first name) ◆ (이름 앞) 경칭

donde   where ◆ (장소)관계부사

doña   Mrs.(before first name) ◆ ～씨(결혼한 여성의 이름 앞에)

dormir   sleep ◆ 잠자다

○ El bebé duerme.   아기는 잠을 잔다.

| duda | doubt ◆ 의심을 하다 |

| dueño | owner ◆ 소유자(남), 주인 |

| dulce | sweet ◆ 달콤한; 사탕 |

↻ El pastel estámuy dulce.　파이는 매우 달다.

| duodécimo | twelfth ◆ 12번째 |

| duro | hard ◆ 힘든, 딱딱한 |

| durante | during ◆ ～하는 동안 |

↻ Él va a España durante las vacaciones.　그는 방학 때 스페인에 간다.

| durar | last ◆ 지속하다 |

↻ Este sopa dura mucho tiempo.　이 스프는 오래 동안 지속된다.

[E]

| e | and ◆ 그리고(i～또는 hi～로 시작하는 어휘 앞) |

| edad | age ◆ 나이 |

↻ ¿Cuál es la edad del señor?　그 남자의 나이는 어떻게 되죠?

| edificio | building ◆ 건물 |

↻ La oficina está en ese edificio.　사무실을 그 건물에 있다.

| el | the ◆ 정관사(남) |

| él | he ◆ 그(는) |

↻ Ella y él van a la iglesia cerca de casa.　그녀와 그는 집 가까운 교회에 간다.

| elástico | elastic ◆ 탄력 있는 |

| elegante | elegant ◆ 우아한 |

| ella | she ◆ 그녀(는) |

| emperador | emperor ◆ 황제 |

| emplear | employ ◆ 채용하다 |

| empresa | company ◆ 회사 |

| en | in; on ◆ ～안에, ～위에 |

| encargar | be in charge of ◆ ～책임이 있다. |

| encarnado | red; flesh color ◆ 빨간; 피부색 |

| encima de | on, upon ◆ ～의 위에 |

↻ La pluma está encima del libro.　펜은 책 위에 있다.

| enclítico | enclitic ◆ 전접어 |

enfermo	sick, ill ◆ 아픈	

◎ Él nunca está enfermo.　그는 결코 아프지 않다.

engañar	deceive ◆ 속이다
enseñar	teach ◆ 가르치다

◎ El profesor enseña a los alumnos.　선생님은 아이들을 가르친다.

entender	understand ◆ 이해하다

◎ En los Estados Unidos hay muchas personas que entienden español.
미국에는 스페인어를 이해하는 많은 사람들이 있다.

entrada	ingress ◆ 입구

◎ Tengan los boletos listos. Aquí estála entrada.　준비된 표들을 가지고 계세요. 여기가 입구입니다.

entre	between ◆ ~사이에

◎ La carne está entre dos pedazos de pan.　고기는 두 빵 조각 사이에 있다.

entretenerse	amuse oneself ◆ 즐기다
entreteninuento	amusement ◆ 즐거움
entusiasmo	enthusiasm ◆ 열의
época	epoch ◆ 시대
equivaler	be equal to ◆ ~와 같다
errar	err ◆ 실수하다
esa	that ◆ 그것(의) (여성단수)
esas	those ◆ 그것들(의) (여성복수)
escalera	stepladder ◆ 사닥다리; 계단

◎ Bajo por la escalera.　계단을 통해 내려간다.

escalón	step ◆ 걸음
escapar	escape ◆ 탈출하다
escribir	write ◆ 필기하다

◎ Juan le escribe una carta a María.　후안은 마리아에게 편지를 쓴다.

escuela	school ◆ 학교

◎ Estudiamos y nos divertimos en la escuela.
우리는 학교에서 공부하고, 즐긴다.

espacio	space ◆ 공간
España	Spain ◆ 스페인
español	Spanish; Spaniard ◆ 스페인어; 스페인 사람
especie	species ◆ 종류
esperar	wait; hope ◆ 기다리다, 희망하다

◎ Mi esposa me espera cada día.　우리 집사람은 나를 매일 기다린다.

esta	this ◆ 이것(의) (여성단수)

establecimiento	institution ◆ 시설
estado	state ◆ 주(州), 상태
◔ Vivimos en el estado de Puebla.	우리는 뿌에블라 주에 산다.
estanque	pond ◆ 연못
estar	be(accidentally) ◆ ～이다(상태)
◔ estar [+현재 분사형]　～하고 있다.	
Está esperando.　기다리고 있다.	
estas	these ◆ 이것들(의) (여성복수)
estatua	statue ◆ (조각) 상(像)
este	this ◆ 이것(의) (남성단수)
◔ Este es azul oscuro.　이것이 진한 파란색이다.	
este	east ◆ 동쪽
estimar	esteem ◆ 존경하다, 측정하다
estío	summer ◆ 여름(= verano)
esto	this ◆ 이것 (중성)
◔ No entiendo esto.　난 이것이 이해가 안된다.	
estos	these ◆ 이것들(의) (남성 복수)
estrecho	strait; narrow ◆ 좁은
estrella	star ◆ 별
◔ ¡Ay! Mira las estrellas en el cielo.　아! 하늘의 별들을 봐라.	
estructura	structure ◆ 구조
estudiar	study ◆ 공부하다
◔ A veces estudiamos en la biblioteca.　때때로 우리는 도서관에서 공부한다.	
estufa	stove ◆ 스토브
◔ La carne está en la estufa.　고기는 스토브에 올려져 있다.	
Europa	Europe ◆ 유럽
europeo	European ◆ 유럽인들
excelente	excellent ◆ 놀라운
◔ La niña prepara una comida excelente.　아이는 놀라운 요리를 준비한다.	
excepto	except ◆ ～를 제외한
excesivo	excessive ◆ 과도한
explicación	explanation ◆ 설명
exponer	expose ◆ 노출하다
expresar	express ◆ 표현하다
extenso	long ◆ 긴

[F]

fabricante　　　　　　　manufacturer ◆ 제조인

fabricar　　　　　　　　manufacture ◆ 제조하다

fábula　　　　　　　　　fable ◆ 우화, 이야기

fácil　　　　　　　　　　easy ◆ 쉬운

　　↪ Cuando estudio, la lección es fácil.　내가 공부할 때, 그 학과는 쉽다.

facilidad　　　　　　　facility ◆ 편의(시설)

facultad　　　　　　　　faculty ◆ 단과대학

falda　　　　　　　　　　skirt ◆ 스커트(무릎 닿는 부분); 치마

　　↪ Lleva una falda roja.　빨간색 치마를 입었다.

falso　　　　　　　　　　false ◆ 거짓의

　　↪ La joya es falsa.　보석은 가짜이다.

familia　　　　　　　　family ◆ 가족

　　↪ En la familia de Emilia hay dos niños y dos niñas.　에밀리아 가족에는 두 아들과 두 딸이 있다.

famoso　　　　　　　　famous ◆ 유명한

　　↪ Los museos de Madrid son famosos.　마드리드 박물관들은 유명하다.

fatigar　　　　　　　　fatigue ◆ 피곤하게 하다

febrero　　　　　　　　February ◆ 2월

femenino　　　　　　　feminine ◆ 여성의

feroz　　　　　　　　　ferocious ◆ 난폭한

　　↪ El tigre es un animal feroz.　호랑이는 난폭한 동물이다.

ferrocarril　　　　　　railroad ◆ 철도[로]

　　↪ ¿Dónde está el ferrocarril?　철로는 어디에 있나요?

fiel　　　　　　　　　　faithful ◆ 신의 있는

figurar　　　　　　　　figure ◆ 형상화하다

fijar　　　　　　　　　fix ◆ 고정시키다

　　↪ Papá tiene que fijar la lámpara en esa mesa.　아빠는 그 테이블에 등불을 고정시켜야만 한다.

fin　　　　　　　　　　end ◆ 끝, 목적

　　↪ Este es el fin de la historia.　이것이 역사의 끝이다.

firmamento　　　　　　firmament ◆ 창공

flauta　　　　　　　　　flute ◆ 플룻

flor　　　　　　　　　　flower ◆ 꽃

　　↪ Hay muchas flores en el jardín.　정원에는 꽃들이 많다.

floreciente　　　　　　flourishing ◆ 화려한

forma	form ◆ 형태
formar	form ◆ 형태를 만들다
frac	dress coat ◆ 연미복
frágil	fragile ◆ 깨지기 쉬운
francés	French ◆ 프랑스의, 프랑스어, 프랑스 인
frase	phrase ◆ 어구
frecuentemente	frequently ◆ 빈번하게
frente	forehead ◆ 이마
frío	cold ◆ 추위

◯ El café está frío.　커피는 차다.

fruta	fruit ◆ 과일
frutal	fruital tree ◆ 과실수
frutico	shrub ◆ 관목
fuego	fire ◆ 불

◯ Hay fuego en la chimenea.　벽난로에 불이 있다.

fuente	fountain ◆ 분수
función	function ◆ 기능
futuro	future ◆ 미래

◯ ¿En el futuro, van a vivir en la luna?　미래에는, 달에서 살 수 있을까?

[G]

| ganado | cattle ◆ 가축 때 |
| gato | cat ◆ 고양이 |

◯ El gato pelea con el perro.　고양이가 개와 싸운다.

| gasolina | Gas ◆ 휘발유 |

◯ Aquí la gasolina cuesta un dólar por litro.
내여기 휘발유는 리터당 1달러 가격이다.

generalmente	generally ◆ 일반적으로
género	gender ◆ 성(性)
gente	people ◆ 사람들

◯ La gente quiere ver al presidente.

| gentilicio | denoting nationality ◆ (외모적) 국적 |

| geografía | geography ◆ 지리(학) |

○ En la clase de geografía estudiamos los mapas de los países diferentes.
지리 수업시간에 우리는 다른 나라의 지도를 공부한다.

geometría	geometry ◆ 기하학
gerundio	gerund ◆ 분사
globo	globe ◆ 글로브
gobernante	governor ◆ 정부관료
gobernar	govern ◆ 통치하다
gobierno	government ◆ 정부
golfo	gulf ◆ 걸프, 만(灣)
gordo	thick ◆ 두꺼운, 뚱뚱한

○ ¡Qué hombre tan gordo!　와 저렇게 뚱뚱한 남자라니!

gorro	cap ◆ 모자
gozar	enjoy ◆ 즐기다
grabado	engraving ◆ 조각, 녹음
gracias	thanks ◆ 감사

○ Gracias por el regalo.　선물에 감사드립니다.

| grado | degree ◆ 정도 |
| grande | large, big, great ◆ 큰, 위대한 |

○ El elefante es muy grande.　코끼리는 매우 크다.

grano	grain ◆ 곡식
griego	Greek ◆ 그리스인, 그리스어
grueso	fleshy, corpulen ◆ 두꺼운, 굵은
gustar	like ◆ 좋아하다

○ A ellos les gusta caminar en el jardín.　그들은 정원에서 걷는 것을 좋아한다.

| gusto | pleasure ◆ 즐거움 |

[H]

habitante	inhabitant ◆ 거주자
habitar	inhabit ◆ 거주하다
haber	have ◆ 조동사 have
hablar	speak ◆ 말하다

   ➥ Los estudiantes hablan inglés y español.　학생들은 영어와 스페인어를 말한다.

hacer　　make; do　◆　만들다; 하다

   ➥ hacer un paseo　산책을 한다

   ➥ hacer un viaje　여행을 한다

hacha　　hatchet　◆　도끼

hallar　　find　◆　발견하다

hasta　　till, until　◆　까지

hay　　there is/are　◆　(존재)한다

   ➥ hay que　[+동사원형] ∼해야 한다.

hermana　　sister　◆　누이, 여동생

hermano　　brother　◆　형, 남동생, 오빠

   ➥ Mi hermano es amigo de Roberto.　내 남동생은 로베르또의 친구이다.

hermoso　　handsome　◆　잘생긴, 아름다운

hielo　　ice　◆　얼음

   ➥ Ellos patinan en el hielo.　그들은 얼음 위에서 스케이트를 탄다.

hierro　　iron　◆　쇠

   ➥ El hierro es un metal.　쇠는 금속이다.

hijo　　son　◆　아들

hilera　　row　◆　열, 줄

historia　　history　◆　역사

hoja　　leaf　◆　나뭇잎, 종이(한 장)

   ➥ En otoño las hojas caen de los árboles.　가을에 나뭇잎들이 나무에서 떨어진다.

hombre　　man　◆　남자, 사람

   ➥ Mi padrino es un hombre muy alto.　나의 대부는 매우 키가 큰 사람이다.

hora　　hour　◆　시간

   ➥ ¿Qué hora es?　몇 시니?

horizonte　　horizon　◆　수[지]평선

hortaliza　　vegetables　◆　야채

hoyo　　hole　◆　구멍

huerta　　fruit garden　◆　과수원

huerto　　kitchen garden　◆　야채 밭

humo　　smoke　◆　연기

   ➥ ¿De dónde viene el humo?　연기가 어디서 오는 거지?

[J]

joven   young ◆ 젊은, 청년

juego   game ◆ 놀이, 경기

    ↻ ¿Conoces el juego de la gallina ciega?   '눈 가리기' 놀이를 아니?

jueves   Thursday ◆ 목요일

jugar   play ◆ 경기하다

    ↻ jugar al ajedrez   장기[체스]놀이를 하다

    ↻ jugar a las escondidas   숨바꼭질을 하다

    ↻ jugar a los naipes   카드놀이를 하다

Julio   July ◆ 7월

    ↻ Hace mucho fresco en julio.   7월은 매우 선선하다.

junio   June ◆ 6월

justicia   justice ◆ 정의

[ㄴ]

la   the ◆ 그(여성 정관사 단수)

    ↻ Es la rueda de la valija.   옷가방의 그 바퀴이다.

labio   lip ◆ 입술

    ↻ Los labios son rojos.   입술은 빨간색이다.

lado   sid ◆ 측면

ladrar   bark ◆ 짖다

lago   lake ◆ 호수

    ↻ Ellos nadan en el lago.   그들은 호수에서 수영을 한다.

lana   wool ◆ 양모

    ↻ Las ovejas nos dan lana.   양들이 우리에게 양모를 제공한다.

lápiz   pencil ◆ 연필

    ↻ el lápiz de color   크레용, 색연필

largo   long ◆ 긴

las   the; them ◆ 그(정관사 여성복수); 그것들(여성복수)

le   him; to him(her) ◆ 그를; 그[녀]에게

lección   lesson ◆ 학과, 수업

leche   milk ◆ 우유
- Nos gusta mucho la leche.   우리는 우유를 매우 좋아한다.

leer   read ◆ 읽다

legumbre   vegetable ◆ 야채

lejos   far ◆ 멀리
- lejos de [+장소] ~에서 멀리(에)

lengua   language; tongue ◆ 언어; 혀
- Se usa la lengua para hablar.   혀는 말하기위해 사용된다.

leña   fire wood ◆ 장작

les   them; to them ◆ 그들을; 그[녀]들에게

levita   coat ◆ (프록) 코트

libro   book ◆ 책
- Los estudiantes tienen varios libros.   학생들은 여러 책을 가지고 있다.

líquido   liquid ◆ 액체

limitar   limit ◆ 제한하다

línea   line ◆ 줄, 선

linterna   lantern ◆ 랜턴, 손전등

llamar   call ◆ 부르다, 전화하다
- Llaman por teléfono.   (그들은) 전화를 건다.

llanura   plain ◆ 평원

llegar   arrive ◆ 도착하다

llevar   carry ◆ 가져가다
- Los niños llevan pantalones negros.   아이들은 검정색 바지를 입는다.

localidad   locality ◆ 장소, 현장

locomotora   locomotive ◆ 기관차

lograr   obtain ◆ 얻다
- Si practicas todos los días, vas a tener éxito.   네가 매일 연습을 한다면, 성송할 것이다.

lugar   place ◆ 장소
- ¿Cuál es mi lugar?   내 자리가 어떤 거지?

lumbre   fire ◆ 불, 등불

luminoso   luminous ◆ 빛나는

lunes   Monday ◆ 월요일
- El lunes comenzamos las clases.   월요일에 우린 수업을 시작한다.

lustroso   lustrous; shiny ◆ 빛이 나는

luz   light ◆ (불)빛

[M]

maceta   flowerpot ◆ 화분

madera   wood ◆ 나무

madre   mother ◆ 어머니
- ➲ La madre sirve la comida.   어머니가 식사를 챙겨주신다.

maestro   teacher ◆ 선생님(남)

magnífico   magnificent ◆ 장엄한
- ➲ ¡Qué magnífica idea!   얼마나 멋진 생각인지!

malo   bad, poor ◆ 나쁜, 형편없는
- ➲ Esa es una mala palabra.   그것은 나쁜 말이다.

mano   hand ◆ 손
- ➲ Si tienen preguntas, levanten la mano.   질문이 있다면, 손을 드세요.

manso   meek, gentle ◆ 온화한, 관대한

mantener   keep ◆ 유지하다

mantequilla   butter ◆ 버터
- ➲ El niño come pan y mantequilla.   아이가 빵과 버터를 먹는다.

manufactura   factory ◆ 공장

manzana   apple ◆ 사과
- ➲ Las manzanas están en la cesta.   사과는 바구니에 있다.

manzano   apple tree ◆ 사과 나무

mañana   morning; tomorrow ◆ 아침; 내일

máquina   machine ◆ 기계

mar   sea ◆ 바다
- ➲ Me gusta mirar el mar.   난 바다 보는 것을 좋아한다.

marchar   march ◆ 행진하다

marido   husband ◆ 남편

mármol   marble ◆ 대리석

martes   Tuesday ◆ 화요일

marzo   March ◆ 3월
- ➲ En marzo todavía hace frío.   3월은 아직 춥다.

más   more ◆ 더(욱)
- ➲ Él quiere más papas en su plato.   그는 자신의 접시에 더 많은 감자들을 원한다.

masculino   masculine ◆ 남성(의)

matemáticas   mathematics ◆ 수학

materia	material ◆ 재료
matrimonio	matrimony ◆ 결혼
maullar	mew ◆ 야옹하다
mayo	May ◆ 5월
mayor	older; greater ◆ 더 나이 많은, 더 큰
me	me; to me ◆ 나를; 나에게
medicina	medicine ◆ 약
médico	physician ◆ 의사
medio	middle ◆ 중간
México	Mexico ◆ 멕시코
mejor	better ◆ 더 좋은
memoria	memory ◆ 기억
menor	smaller ◆ 더 어린, 더 작은
menos	less ◆ 덜

➲ Veinte menos nueve es once.　20 빼기 9는 11이다.

meñique	small finger ◆ 새끼 손가락
menudo	often ◆ 종종
mercador	merchant ◆ 상인
mercado	market ◆ 시장

➲ La señora compra legumbres frescas en el mercado.

mercancía	merchandise ◆ 상품, 화물
merendar	eat between meals ◆ 간식을 먹다
merienda	luncheon ◆ 간식

➲ Hay bocadillos y pan dulce para la merienda.　간식으로 샌드위치와 달콤한 빵이 있다.

| mes | month ◆ 달, 월 |

➲ En junio, julio y agosto hace calor en España y frío en Sudamérica durante 3 meses.
6, 7, 8월에 스페인은 덥고, 3달 동안 남미는 춥다.

| mesa | table ◆ 탁자, 테이블 |

➲ No pongan los libros en la mesa.　그 테이블에 책들을 놓지 마세요.

metrópoli	metropolis ◆ 주요도시
mi	my ◆ 나의
miedo	fear ◆ 두려움
miércoles	Wednesday ◆ 수요일

➲ El miércoles vamos a un nuevo restaurante.　수요일에 새로운 식당에 가자.

| mieses | grain fields ◆ 밭, 논 |

| mina | mine ◆ 광산 |

| mirar | look ◆ 보다 |

◐ ¡Mira las estrellas!　별들을 봐!

| mismo | same; self ◆ 같은; 자신(체) |

◐ Yo mismo puedo hacerlo.　나 자신은 그것을 할 수 있다.

| mitad | half ◆ 반 |

| modo | manner; way ◆ 방식 |

| momento | moment ◆ 순간 |

| moneda | coin ◆ 동전 |

| montaña | mountain ◆ 산 |

◐ Hay nieve en la montaña.　산에 눈이 있다.

| montañoso | mountainous ◆ 산이 많은 |

| montar | mount; ride ◆ 오르다 |

| mostrar | show ◆ 보여주다 |

◐ Muéstrame tu libro nuevo.　네 새책을 내게 보여줘.

| mover | move ◆ 움직이다 |

◐ Los estudiantes mueven los libros del escritorio a la mesa.
학생들은 책생에서 테이블로 책들을 옮긴다.

| muchacho | boy ◆ 소년 |

| mucho | much, many ◆ 많은, 많이 |

◐ Hay mucha gente en el cine.　영화관에 많은 사람들이 있다.

| mujer | woman ◆ 여자 |

◐ Esa mujer no es la madre de Jorge.　그 여자분은 호르헤의 어머니가 아니다.

| multitud | multitude ◆ 다수 |

| mundo | world ◆ 세계 |

◐ Todos quieren hacer un viaje alrededor del mundo.　모두가 세계 여행을 하길 원한다.

| museo | museum ◆ 박물관 |

◐ En el museo hay pinturas famosas.　박물관에는 유명한 그림들이 있다.

| música | music ◆ 음악 |

◐ Me gusta mucho la música moderna.　난 현대 음악을 매우 좋아한다.

| músico | musician ◆ 음악가 |

| muy | very ◆ 매우, 아주 |

◐ El maestro es muy bueno.　선생님은 매우 좋으시다.

[N]

nada nothing ◆ 무(無)
- ➲ No es nada. 아무 것도 아니다.

nadar swim ◆ 수영하다
- ➲ Durante el verano nado todos los días. 여름 동안 난 매일 수영을 한다.

nariz nose ◆ 코

naturaleza nature ◆ 자연

necesario necessary ◆ 필요한

necesidad necessity ◆ 필요성

necesitar need ◆ 필요하다
- ➲ Hoy necesitamos hacer muchas cosas. 오늘 우린 많은 것들을 만들 필요가 있다.

negar deny ◆ 부정하다

negativo negative ◆ 부정사, 부정한

negro black ◆ 검정(색)
- ➲ Quiero comprar el saco negro. 난 검정색 외투를 사고 싶다.

neutro neuter ◆ 중립의

ni... ni. neither... nor... ◆ ～도 ～도 아닌

ninguno none ◆ 아무도 (～않다)

niñera nurse ◆ 유모

niño child ◆ 아이(남)
- ➲ El niño lleva una camisa azul. 아이가 파란색 셔츠를 입는다.

no no; not ◆ 아닌, 없는

noche night ◆ 밤
- ➲ Hay muchas estrellas por la noche. 밤에는 많은 별들이 있다.

nogal walnut tree ◆ 호두나무

nombrar name ◆ 임명하다

nomeno ninth ◆ 9번째

norte north ◆ 북쪽
- ➲ Ellos viven en el norte de Japón. 그들은 일본의 북쪽에 살고 있다.

nosotros we ◆ 우리(는)

noviembre November ◆ 11월
- ➲ El fiesta de Pepero es el once de noviembre en Corea del Sur.
  한국에서 빼빼로 데이는 11월 11일 이다.

nuestro our ◆ 우리의
- ➲ Ese libro es nuestro. 그 책은 우리 것이다.

     ↻ Ese es nuestro libro.　그것은 우리 책이다.

nuevo　　　　　　　　　　　　new ◆ 새로운

     ↻ Tengo una bicicleta nueva.　난 새 자전거를 가지고 있다.

nuez　　　　　　　　　　　　nut ◆ 땅콩

número　　　　　　　　　　　number ◆ 숫자

     ↻ El número 10 gana el premio.　숫자 10이 상을 받는다.

nunca　　　　　　　　　　　never ◆ 결코(~하지 않는다)

     ↻ Él nunca quiere jugar al tenis.　그는 결코 테니스를 치고 싶어하지 않는다.

[O]

o　　　　　　　　　　　　　　or ◆ 또는

objeto　　　　　　　　　　　object ◆ 목적물, 목적어

obscuridad　　　　　　　　　obscurity ◆ 불분명

obscuro　　　　　　　　　　obscure ◆ 불분명한

     ↻ El traje es azul obscuro.　정장은 어두운 파란색이다.

obtener　　　　　　　　　　obtain ◆ 획득하다

     ↻ Ellos quieren obtener agua para el coche.　그들은 자동차를 위한 물[냉각수]를 얻고자 한다.

océano　　　　　　　　　　ocean ◆ 대양

     ↻ El buque viaja en el océano.　그 배는 대양을 여행한다.

ocupar　　　　　　　　　　occupy ◆ 차지하다

octavo　　　　　　　　　　eighth ◆ 8번째

octubre　　　　　　　　　　October ◆ 10월

     ↻ En Corea del Sur, los soldados celebran el primero de octubre.
　　대한민국에서는 군인이 10월 1일을 경축한다.

ofrecer　　　　　　　　　　offer ◆ 제공하다

oír　　　　　　　　　　　　hear ◆ 듣다

     ↻ Yo oigo un ruido extraño.　내게 이상한 소리가 들린다.

ojo　　　　　　　　　　　　eye ◆ 눈

     ↻ Ella trae un ojo rojo.　그녀는 눈이 빨갛다.

olvidar　　　　　　　　　　forget ◆ 망각하다

     ↻ No olviden Uds. sus libros.　귀하의 책을 잊지 마십시오.

omitir　　　　　　　　　　omit ◆ 누락하다

| operar | operate ◆ 작동하다 |

| ordenar | order ◆ 명령하다, 주문하다 |

| oreja | ear ◆ 귀 |

➲ La oreja derecha le duele.　오른쪽 귀가 아프다.

| oro | gold ◆ 금 |

➲ El oro vale mucho.　금은 매우 비싸다.

| ortografía | orthography ◆ 정자법, 철자법 |

| otoño | autumn ◆ 가을 |

➲ En el otoño los árboles se ponen de rojo, amarillo y muchos otros colores.
가을에 나무는 빨강, 노랑 그리고 다른 많은 색으로 변한다.

| otro | other ◆ 다른 |

➲ ¿Quieres otros libros?　너는 다른 책들을 원하니?

[P]

| padre | father ◆ 아버지 |

➲ Los padres vienen a la escuela para ver un programa especial.
부모님은 특별한 프로그램을 보고자 학교에 오신다.

| página | page ◆ 페이지 |

➲ Miren la página veinte.　20페이지를 보세요.

| país | country ◆ 국가 |

➲ Mi país es hermoso.　우리나라는 아름답다.

| pájaro | bird ◆ 새 |

➲ El pájaro tiene un nido en el árbol.　새는 나무에 둥지를 가지고 있다.

| palabra | word ◆ 어휘 |

➲ la palabra clave　키워드

| palacio | palace ◆ 성(곽), 궁궐 |

➲ La reina vive en un gran palacio.　여왕은 거대한 궁궐에서 산다.

| pan | bread ◆ 빵 |

➲ Me gusta mucho el pan.　난 빵을 매우 좋아한다.

| panadería | bakery ◆ 빵집 |

➲ Se compra pan en la panadería.　빵집에서 빵을 구입할 수 있다.

| panadero | baker ◆ 제빵사 |

➡ El panadero hace el pan.　제빵사는 빵을 만든다.

pantalón　　　　　　　　trousers　◆ 바지

➡ Él lleva pantalones largos.　그는 긴 바지를 입는다.

paño　　　　　　　　cloth　◆ 천

papel　　　　　　　　paper　◆ 종이

➡ Ellos escriben en el papel.　그들은 종이에 필기를 한다.

par　　　　　　　　pair　◆ (한)쌍

➡ Necesito un par de zapatos blancos.　난 흰 구두 한 켤레가 필요하다.

para　　　　　　　　for　◆ 위하여

➡ Este regalo es para ti.　이 선물은 너를 위한 것이다.

paralelo　　　　　　　　parallel　◆ 평행의, 평행선

parar　　　　　　　　stop　◆ 멈추다

➡ No quiero parar el tráfico.　난 교통을 멈추게 하고 싶지 않다.

parecer　　　　　　　　look like　◆ ~처럼 보이다

parque　　　　　　　　park　◆ 공원

participio　　　　　　　　participle　◆ (과거)분사

pasado　　　　　　　　past　◆ 지난

pasajero　　　　　　　　passenger　◆ 승객

➡ Quiero boletos para diez pasajeros.　난 10명 승객의 표를 원한다.

pasamano　　　　　　　　hand rail　◆ (층계의) 손잡이

paseo　　　　　　　　walk　◆ 걸음, 산책

➡ Ellos dan un paseo.　그들은 산책을 한다.

pasillo　　　　　　　　hall　◆ 복도, 통로

pata　　　　　　　　foot, leg(animal)　◆ (동물의) 다리

➡ El león tiene cuatro patas.　사자는 다리가 4개이다.

patín　　　　　　　　skate　◆ 스케이트

➡ José tiene patines nuevos.　호세는 새 스케이트를 가지고 있다.

patinar　　　　　　　　skate　◆ 스케이트를 타다

➡ Vamos a patinar.　우리 스케이트 탑시다.

patio　　　　　　　　yard　◆ (뒷) 마당

patria　　　　　　　　country; birth place　◆ 조국

pedazo　　　　　　　　piece　◆ 조각

➡ ¿Quieres un pedazo de sandía?　너는 수박 한 조각 원하니?

pelo　　　　　　　　hair　◆ 머리카락

➡ La muñeca tiene el pelo negro.　인형은 검은색 머리를 가졌다.

pensar
think ◆ 생각하다

◑ ¿Qué piensas de este libro?　넌 이 책에 대해 어떻게 생각하니?

peña
rock ◆ 바위

pequeño
small ◆ 작은

◑ El coche es pequeño.　자동차는 작다.

pera
pear ◆ 배

◑ La pera es mi fruta favorita.　배는 내가 가장 좋아하는 과일이다.

perder
lose ◆ 잃다

◑ No quero perder este lápiz.　난 이 연필을 잃어버리고 싶지 않다.

permanente
permanent ◆ 영속하는

permitir
permit ◆ 인정하다, 허용하다

◑ No permito que ningún desconocido me toque.　난 어떤 낯선 사람이 날 건드리는 것을 허용
하지않는다.

pero
but ◆ 그러나

◑ Yo sé nadar, pero ella no sabe.　난 수영을 할 줄 안다. 그러나 그녀는 모른다.

perro
dog ◆ 개

◑ Mi perro se llama "Happy".　우리 개는 "해피"라고 한다.

persona
person ◆ 사람

pertenecer
belong to ◆ ~에 속하다

pesca
fishing ◆ 낚시

pescado
fish ◆ 생선

◑ Hay pescado para la cena.　저녁식사 용으로 생선이 있다.

pescar
fish ◆ 낚시하다

peso
weigh; dollar ◆ 무게

pez
fish ◆ 물고기(남)

◑ El pez está en el acuario.　아쿠아리움에 물고기가 있다.

pie
foot ◆ 발

◑ Me duele el pie.　난 발이 아프다.

piedra
stone ◆ 돌

◑ Hay muchas piedras en el patio de recreo.　놀이 공원에 돌이 많이 있다.

pierna
leg ◆ 다리

◑ Él tiene una pierna quebrada.　그는 다리가 부러졌다.

pieza
piece ◆ 조각

Pirineos
Pyrenees ◆ 피레네 산맥

piso
story ◆ 층, 아파트

| pizarra | blackboard ◆ 칠판 |

➲ La maestra escribe en la pizarra.   (여)선생님은 칠판에 판서를 하신다.

| placer | pleasure ◆ 즐거움 |

➲ Es un placer ir a la playa.   해변에 가는 것은 즐거움이다.

| planta | plant; iron ◆ 다리미; 다리미질 |

➲ Es una plancha de vapor.   스팀다리미이다.

| plantar | plant ◆ 다리미질하다 |

➲ Mi esposa plancha las camisas.   내 집사람이 와이셔츠를 다린다.

| plano | flat ◆ 평평한 |

| plata | silver ◆ 은 |

➲ Tengo un anillo de plata.   난 은 반지를 가지고 있다.

| pluma | pen ◆ 펜 |

| población | population ◆ 인구 |

| poblar | people ◆ 사람을 살게하다 |

| pobre | poor ◆ 가난한 |

| poco | little ◆ 적은 |

➲ ¿Hablas español? un poco.   스페인어를 말하니? 아주 조금.

| poder | can; be able to ◆ ～할 수 있다 |

➲ Mi papá dice que no puedo ir.   우리 아빠가 난 갈 수 없다고 말씀하셔.

| político | political ◆ 정치적 |

| poner | put ◆ 놓다 |

➲ El hijo pone la mesa.   아들이 상을 차린다.

| por | by; instead of ◆ ～에 의해; 대신에 |

➲ por avión   비행기로

➲ por correo   우편으로

➲ por favor   부탁입니다.

| por qué | why ◆ 왜 |

➲ ¿Por qué no puedes ir? Porque no tengo permiso.   왜 너는 갈 수 없니? 왜냐하면 난 허가증이 없어.

| porque | because ◆ 왜냐하면 |

| positivo | positive ◆ 긍정적 |

| por supuesto | of course ◆ 물론 |

| pradera | meadow ◆ 목초지, 초원 |

| preceder | precede ◆ 앞장서다, 앞서다 |

| precio | price ◆ 가격 |

➲ ¡Muy caro! No puedo pagar este precio.   매우 비싸요! 난 이 가격을 지불할 수 없습니다.

precioso   **precious** ◆ 가치 있는, 예쁜

      ↪ La hija de Adriana es presiosa.   아드리아나의 딸은 예쁘다.

preparar   **prepare** ◆ 준비하다

      ↪ María prepara la comida.   마리아가 식사를 준비한다.

presa   **prey** ◆ 먹이

prescribir   **prescribe** ◆ 규정하다

presidente   **presidente** ◆ 의장, 회장; 대통령

      ↪ El presidente de Corea del Sur visita a China.   대한민국의 대통령이 중국에 방문한다.

presión   **pressure** ◆ 압력

primavera   **spring** ◆ 봄

      ↪ Hay muchas flores en (la) primavera.   봄에 꽃들이 많다.

primero   **first** ◆ 첫 번째

      ↪ ¿Quién es primero?   누가 첫 번째니?

primo   **cousin** ◆ 사촌

      ↪ Mi primo se llama Juan.   내 사촌의 이름은 후안이다.

príncipe   **prince** ◆ 왕자

      ↪ El príncipe es el hijo de la reina Isabel.   그 왕자는 이사벨 여왕의 아들이다.

principio   **beginning** ◆ 시작

producir   **produce** ◆ 생산하다

profesar   **profess** ◆ 고백하다

progreso   **progress** ◆ 전진, 진행

pronombre   **pronoun** ◆ 대명사

pronunciar   **pronounce** ◆ 발음하다

propiedad   **property** ◆ 재산, 소유권

propietario   **proprietor** ◆ 소유자

propio   **proper** ◆ 적당한

      ↪ Todos usan su propio papel.   모두가 각자 자신의 종이를 사용한다.

provechoso   **useful** ◆ 유용한

proveer   **provide** ◆ 나눠주다, 준비하다

provincia   **province** ◆ 지방, 주(州)

próximo   **next** ◆ 다음(의)

      ↪ La semana próxima hay un día de fiesta.   다음 주에 축제의 하루가 있다.

público   **public** ◆ 공공의

pueblo   **people** ◆ 사람들

      ↪ La familia García vive en un pueblo de Andalucía.   가르씨아 가족은 안달루씨아의 한 마을에 산다.

puente	bridge ◆ 교각, 다리
puerta	door ◆ 문
puerto	port ◆ 항구
pues	since ◆ 이래(로), 그럼, 그래서

    ➲ Pues, vamos.　그럼. 가자.

pulgar	thumb ◆ 엄지손가락
pulimento	polish ◆ 광택, 윤
punta	point ◆ 점
punto	place ◆ 지점, 장소
pupitre	writing desk ◆ 책상
puro	pure ◆ 순수한

[Q]

| que | that, which ◆ (관계대명사) |
| qué | what ◆ 무엇 |

    ➲ ¿Qué clase de dulces quieres?　넌 어떤 종류의 사탕을 원하니?

| quemar | burn ◆ 태우다 |

    ➲ ¡Cuidado! El cerillo puede quemar.　조심해! 성냥이 탈 수 있다.

| querer | wish; love ◆ 원하다; 사랑하다 |

    ➲ Ellos quieren comer ahora.　그들은 지금 식사하는 것을 원한다.

| queso | cheese ◆ 치즈 |

    ➲ Me gusta el queso.　난 치즈를 원한다.

| quien | who ◆ 누구(관계사) |
| quién | who ◆ 누구(의문사) |

    ➲ ¿Quién quiere jugar?　누가 놀기를 원하니?

| quinto | fifth ◆ 다섯 번째 |
| quitar | remove; take away ◆ 제거하다 |

    ➲ Ella quita la botella de la mesa.　그녀가 테이블에서 병을 치운다.

[R]

raíz	root ◆ 뿌리
rama	branch ◆ (나무) 가지

    ◑ Esa rama no tiene hojas.   이 가지에는 잎이 없다.

raro	rare ◆ 드문

    ◑ ¡Qué raro! Hace sol y llueve.   참 이상하네! 해가 들면서 비가 와.

raza	race ◆ 종족, 인종
razón	reason ◆ 이유
realidad	reality ◆ 사실(성)
reasumir	resume ◆ 요약하다
recibir	receive ◆ 받다
reciente	recent ◆ 최근의, 최신의
recoger	gather ◆ 선택하다
referir	refer ◆ 선호하다
reflejar	reflect ◆ 반사하다
reflexivo	reflexive ◆ 반사의; 재귀의
reino	kingdom ◆ 왕국
relativo	relative ◆ 비교적; 관계어
reloj	watch; clock ◆ 시계

    ◑ El reloj no anda.   시계가 가질 않는다.

remedio	remedy ◆ 수단, 책략
renacer	be born again ◆ 다시 태어나다
reparar	repair ◆ 고치다
repetir	repeat ◆ 반복하다
reposo	repose ◆ 휴식
representar	represent ◆ 재현하다, 대표하다
república	republic ◆ 공화국
requerir	require ◆ 요구하다
res	head of cattle ◆ (네발) 짐승
residencia	residence ◆ 거주지; 기숙사
reunir	reunite ◆ 모으다, 맺다
rey	king ◆ 왕
rico	rich ◆ 부유한, 맛있는

    ◑ Mi tío tiene mucho dinero. Es rico.   우리 삼촌은 돈이 많다. 부자다.

riel   rail ◆ 궤도, 레일

río   river ◆ 강

   ↪ Ese río es largo y ancho.   그 강은 길고 넓다.

robar   rob, steal ◆ 훔치다

   ↪ Si no tenemos dinero, no lo roban.   우리가 돈이 없다면, 그들은 훔쳐가지 못한다.

roca   rock ◆ 바위

rodear   surround ◆ 주위를 감싸다

rojizo   reddish ◆ 붉으스름한

rojo   red ◆ 빨간(색)

   ↪ Quiero el coche rojo.   난 빨간색 차가 좋다.

ropa   clothing, dress ◆ 옷

   ↪ La ropa se vende en las tiendas.   옷은 가게에서 판다.

rosa   rose ◆ 장미

rosal   rosebush ◆ 장미덩쿨

rueda   wheel ◆ 바퀴

   ↪ El coche pierde una rueda.   자동차 바퀴하나가 없어졌다.

ruido   noise ◆ 소음

   ↪ Todos hacen mucho ruido en el juego.   모두가 경기 중에 엄청 소음을 만든다.

[S]

sábado   Saturday ◆ 토요일

   ↪ El sábado vamos al cine.   토요일에 영화관에 갈 것이다.

saber   know ◆ 알다

   ↪ Yo sé nadar.   난 수영할 줄 안다.

sala   parlor ◆ 응접실, 거실

   ↪ Las visitas se sientan en la sala.   방문객들은 거실에 앉았다.

salar   salt ◆ 소금을 치다

salario   salary ◆ 급여

salir   go out ◆ 나가다

   ↪ salir de compras   쇼핑을 나가다

salud   health ◆ 건강

○ Los huevos y la leche son buenos para la salud.　계란과 우유는 건강에 좋다.

saludable　healthy ◆ 건강한

salvaje　savage ◆ (동물의) 야생의, 거친

○ En la selva hay animales salvajes.　밀림에는 야생 동물들이 있다.

sastre　tailor ◆ 재단사

○ El sastre hace ropa.　재단사는 옷을 만든다.

sastrería　tailor shop ◆ 양복점

satisfacer　satisfy ◆ 만족하다

seguir　follow; continue ◆ 따라가다; 계속하다

○ Seguimos la ruta a Barcelona.　우리는 바르셀로나로 행로를 따라간다.

segundo　second ◆ 두 번째

seguro　sure ◆ 확실한

semana　week ◆ 주(周)

○ Cinco días a la semana vamos a la escuela.　일주일에 5일은 학교에 간다.

sentar　sit ◆ 앉(히)다

sentido　sense ◆ 느낌

señor　gentleman, Mr. ◆ ～씨(남성); 남자

○ El señor es guapo.　그 남자는 잘 생겼다.

señora　lady, Mrs. ◆ ～씨(결혼한 여성); 여성

○ La señora entra en la tienda.　그 여성은 가게에 들어간다.

separar　separate ◆ 나누다

septiembre　Septiember ◆ 9월

○ Las clases comienzan en septiembre.　수업들은 9월에 시작한다.

séptimo　seventh ◆ 7번째

ser　be ◆ ～이다

○ Él es abogado y ella es médica.　그는 변호사이고, 그녀는 의사이다.

sereno　serene ◆ 고요한

servir　serve ◆ 봉사하다

○ Ella sirve chocolate y galletitas.　그녀는 초콜릿과 과자들을 제공한다.

sexto　sixth ◆ 6번째

si　if ◆ 만약(～한다면)

○ Si tú vas, yo voy.　네가 가면, 나는 간다.

sí　yes ◆ 네(긍정)

○ Sí, me voy.　응, 나 갈게.

siempre　always ◆ 항상

↪ Siempre nos gusta jugar al béisbol.　항상 우리는 야구하는 것을 좋아한다.

significar　signify ◆ 의미가 있다

signo　sign ◆ 사인, 표시

silvistre　wild ◆ (식물) 야생의

silla　chair ◆ 의자

↪ Esta mesa tiene seis sillas.　이 테이블에 6개 의자가 있다.

sillón　armchair ◆ 팔걸이 의자

↪ Puede sentarse en el sillón.　당신은 팔걸이 의자에 앉을 수 있습니다.

sin　without ◆ ~없이

↪ Quiero un bocadillo sin cebolla.　난 양파가 없는 샌드위치가 좋다.

sinónimo　synonym ◆ 유사어

sitio　place ◆ 장소

sobre　on, upon ◆ (~의) 위에

sobrino　nephew ◆ 조카(남)

↪ Mi primo es el sobrino de mi papá.　내 사촌은 우리 아빠의 조카이다.

sol　sun ◆ 태양

sólido　solid ◆ 딱딱한

solo　only ◆ 오직; 홀로

↪ La niña camina sola a la escuela.　여자아이가 혼자 학교에 걸어간다.

↪ Solo una vez tomamos el examen.　우리는 오직 한차례 시험을 본다.

soltar　let lose ◆ 풀어주다

[T]

tabaco　tobacco ◆ 담배

tabla　board ◆ 판자

también　also ◆ 또한

tampoco　neither ◆ 역시 아닌

tanto　as much as ◆ 그렇게, ~처럼 그렇게 많이

↪ ¡Yo tengo tanto tiempo como tú!　난 너만큼 시간이 있다!

tarde　late; afternoon ◆ 늦은; 오후

↪ El programa en la televisión es a las seis de la tarde.　TV의 그 프로그램은 오후 6시에 방영한다.

té   tea ◆ 차(茶)

teatro   theater ◆ 극장

      ➲ Vamos al teatro con Juan.   우린 후안과 함께 극장에 간다.

temperatura   temperature ◆ 온도

tempestuoso   stormy ◆ 폭풍치는

tendero   storekeeper ◆ 가게 주인

tener   have; hold ◆ 가지다, 소유하다

      ➲ tener éxito   성공하다

      ➲ tener miedo   두려워하다

      ➲ tener que   [+동사원형] ～해야만 한다

      ➲ tener sueño   졸립다

tercero   third ◆ 3번째

terminar   terminate ◆ 끝내다

      ➲ Si terminas pronto, saliremos a jugar.   만약 네가 곧 끝낸다면, 우리 놀러 나가자.

terreno   ground ◆ 땅의; 토지

territorio   ground ◆ 영토, 국토

tiempo   time, weather ◆ 시간, 날씨

      ➲ ¿Qué tiempo hace hoy?   오늘 날씨가 어때요?

tienda   store ◆ 가게

      ➲ En esa tienda no se venden flores.   그 가게에서는 꽃을 팔지 않는다.

tierra   land; earth ◆ 땅; 지구

      ➲ La tierra es redonda.   지구는 둥글다.

tinta   ink ◆ 잉크

tintero   inkstand ◆ 잉크병

tío   uncle ◆ 삼촌, 아저씨

      ➲ El tío Pascual es muy alto.   빠스꾸알 삼촌은 키가 크다.

tipo   type ◆ 타입

      ➲ No me gusta ese tipo de cuaderno.   난 그런 타입의 공책은 싫다.

tira   strap ◆ (가죽)끈

tirar   pull ◆ 당기다; 던지다

      ➲ María tira la puerta.   마리아는 문을 (잡아) 당긴다.

tiza   chalk ◆ 분필

      ➲ Usamos la tiza para escribir en la pizarra.   우리는 칠판에 필기하기 위해 분필을 사용한다.

tocar   touch ◆ 건드리다; 연주하다

      ➲ Catalina toca el piano.   까딸리나는 피아노를 연주한다.

| todavía | still, yet ◆ 아직까지 |
| todo | all ◆ 모든 |

   ↪ Pepe se come tada la fruta.　삐삐는 과일을 모두 먹어 치웠다.

| tomar | take ◆ 가지다; 먹다 |

   ↪ ¿A qué hora tomas la medicina?　너는 몇 시에 약을 먹니?

| totalidad | totality ◆ 전체 |
| trabajar | work ◆ 일하다 |

   ↪ Ellos trabajan en la fábrica.　그들은 공장에서 일을 한다.

| traducción | translation ◆ 번역 |
| traer | bring ◆ 가지고 오다 |

   ↪ ¿Quién va a traer los bocadillos?　누가 샌드위치를 가져올 지?

tranquilo	quiet ◆ 조용한
transitar	cross ◆ 가로지르다
transparente	transparent ◆ 명백한
transportar	transport ◆ 바꿔타다
tratar de	try to ◆ 시도하다

   ↪ Voy a tratar de brincar del árbol.　난 나무에서 점프를 시도할 것이다.

trazar	draw ◆ 그리다
trepar	climb ◆ 오르다
tronco	trunk ◆ 줄기
trono	throne ◆ 왕좌
tú	you ◆ 너(는)
tu	your ◆ 너의

[U]

| último | last ◆ 마지막 |

   ↪ Esta es la última semana de vacaciones.　이번 주가 방학의 마지막 주이다.

un	a(n) ◆ 하나; 어떤
undécimo	eleventh ◆ 11번째
único	only ◆ 오직

   ↪ Es el único chico en mi clase　우리 반에 유일한 남자 아이이다.

unir   unite; join ◆ 결합하다

universo   universe ◆ 우주

uno   one ◆ 하나

usar   use ◆ 사용하다

　　◌ En la clase de matemáticas usamos lápiz.　수학수업에서 우리는 연필을 사용한다.

usted   you ◆ 당신(존대)

　　◌ Usted mismo tiene que hacer el trabajo.　당신 스스로 일을 해야만 한다.

útil   useful ◆ 유용한

　　◌ Es útil saber dos lenguas.　2개의 언어를 아는 것은 유용하다.

utilidad   utility ◆ 유용(함)

uva   grape ◆ 포도

　　◌ A mi hermano le gustan las uvas.　내 남동생은 포도를 좋아한다.

[V]

vaca   cow ◆ 소

　　◌ La vaca nos da leche.　소가 우리에게 우유를 준다.

valiente   brave ◆ 용감한

valor   value ◆ 가치

　　◌ El soldado es valiente.　군인은 용감하다.

valle   valley ◆ 계곡

vapor   stream ◆ 수증기

variar   vary ◆ 다양하다

varios   several ◆ 여러

　　◌ Hay varios juegos en el parque.　공원에 여러 놀이들이 있다.

vaso   tumbler ◆ 컵, 잔

　　◌ ¿Quieres un vaso de jugo?　주스 잔을 원하니?

vasto   vast ◆ 거대한

vecino   neighbor ◆ 이웃

vehículo   vehicle ◆ 운송기구

　　◌ El coche es un vehículo.　자동차는 운송수단이다.

vela   candle ◆ 양초

velocidad	velocity, speed ◆ 속도
vellón	wool ◆ 양모
vender	sell ◆ 팔다

➲ Aquí no venden dulces.　여기서는 사탕을 팔지 않는다.

| vendimia | vintage ◆ 포도수확기 |
| venir | come ◆ 오다 |

➲ ¿Cuándo vienen Uds. a visitarnos?　당신들은 언제 우리를 방문하러 옵니까?

| ventaja | adventage ◆ 이익, 이점 |
| ver | see ◆ 보다 |

➲ Yo no veo a nadie.　난 아무도 보지 못한다.

| verano | summer ◆ 여름 |

➲ Nadamos mucho en el verano.　여름에 우리는 수영을 많이 한다.

verbo	verb ◆ 동사
verdad	truth ◆ 진실
verdadero	true ◆ 진실의
verde	green ◆ 초록(색)

➲ La hierba es verde.　풀은 초록색이다.

| verdura | vegetable ◆ 야채 |
| vestido | dress ◆ 드레스, 옷 |

➲ ¡Qué bonito vestido!　아주 예쁜 옷인데!

vez	time ◆ 횟수
vía	way ◆ 길
viajar	travel ◆ 여행하다

➲ Vamos a viajar en coche a Busan.　우리는 차를 타고 부산으로 여행을 간다.

viaje	trip ◆ 여행
vidrio	glass ◆ 유리
viejo	old ◆ 나이든
viento	wind ◆ 바람

➲ correr malos vientos　주위의 사정이 나쁘게 된다.

| viernes | Friday ◆ 금요일 |
| visitar | visit ◆ 방문하다 |

➲ Yo quiero visitar a mis amigos en Argentina.　나는 아르헨티나에 있는 내 친구들을 방문하고 싶다.

| vista | view ◆ 관점 |

➲ hacer la vista gorda　못 본척하다

| vivienda | dwelling ◆ 거주지 |

vivir   live ◆ 살다

    ↻ vivir para ver   "이상한 느낌의 감정" 표현

vocal   vowel ◆ 모음

volar   fly ◆ 날다

volatilizar   volatilize ◆ 발산시키다, 휘발시키다

volver   return ◆ 되돌아오다

    ↻ volver atrás   식언(食言)을 하다

vosotros   you ◆ 너희들

[Y]

y   and ◆ 그리고

ya   already ◆ 이미, 벌써

    ↻ ya que~   ～하는(한) 이상

    ↻ ya se ve   물론

yerba   grass ◆ 풀

yo   I ◆ 나(는)

[Z]

zanahoria   carrot ◆ 당근

    ↻ ¿Te gustan las zanahorias?   넌 당근을 좋아하니?

zapatería   shoe store ◆ 제화점

zapatero   shoemaker ◆ 구두 판매상

zapato   shoe ◆ 신발, 구두

    ↻ meter en un zapato   두말 못하게

끝!